창의성, 글과 그림으로 풀다

창의성, 글과 그림으로 풀다

윤길근 · 박형근 공저

Creativity, Express with Writing and Drawing

동 문 사

머리말

창의성이란 단어만큼 식상한 단어도 찾기 힘들다. 그럼에도 불구하고 우리는 아직도 창의성의 정확한 의미와 그것의 중요성에 대해 이야기한다. 그 이유는 4차 산업혁명이라는 울트라 슈퍼 고속 열차에 탄 인간의 하루 생활이 창의적이지 않고는 살 수 없을 정도로 빠르고 매우 복잡다단하며 경쟁적이기 때문이다. 세상이 그럴수록 창의성은 서랍 속에서 잠들 수 없는 단어가 되었다. 또 다른 이유는 창의성의 의미가 시대에 따라, 장소에 따라 조금씩 다르기 때문이다.

조쉬 링크너(Josh Linkner, 2011)는 창의성의 의미를 한 단어로 혁신(innovation)이라고 했다. 혁신이란 깊숙한 서랍 속에서 틀을 깨고 나와 파격적인 변화를 꾀하고, 현 상태를 타도하는 것이다. 그리고 어떤 분야에 대한 풍부한 지식을 쌓고 '다른 뭔가'를 하는 것이다. '다른 뭔가'는 바로 문제를 새로운 방식으로 재구성(restructuring)하고 기존의 틀을 깨뜨리는 능력을 갖추고 있는 것을 말한다. 이것이 기존의 식상한 의미의 창의성에 대한 혁신이다.

창의성에 관한 집중적이고 성실한 연구는 1950년경 길포드(Guilford)에서부터 시작하여 최근 칙센트미하이(Csikszentmihalyi)에 이르기까지 이들을 중심으로 하여 실증적으로 이루어지고 있다.

이 책은 이들의 연구를 중심으로 창의성에 관한 몇 개의 스펙트럼으로 정리하였다. 모두 다 알고 있는 내용에서 기존의 틀을 깨뜨려 보려 시도했으나, 역시 창의적이기는 어렵다는 것을 실감했다. 블링크(blink: 눈을 깜박이다)의 순간에 얻은 혁신적 아이디어로 시작한 일이 뜻대로 재구성되지 않아 조금 덜 창의적인 책이 되어 버렸다. 하지만 에디슨과 스티브 잡스가 그랬던 것처럼 시행착오를 겪고 엉뚱하다는 지적을 받으며 이 책은 세상을 부유(浮游)할 것이다. 그러길 바란다.

끝으로 이 책을 기획하고 다듬고, 꾸미고, 온갖 정성을 다한 동문사 가족 모두에게 감사의 마음을 전한다.

2019년 3월

저자 씀

차 례

차 례

제5부 창의성을 맛보다

제1부

창의성의 땅을 갈다

창의성 키우기 쉬운 10계명

1. 마음껏 놀 수 있는 자유를 주자.
2. 다양한 경험을 할 수 있는 기회를 많이 주자.
3. 책상을 자신의 뜻대로 어질러 놓아도 상관치 말자.
4. 유별나고 엉뚱한 생각과 행동을 존중하자.
5. 믿음과 자율 그리고 긍정적인 자아개념을 심어주자.
6. 조급해 하지 말고 문제를 해결할 때까지 기다리자.
7. 견딜 수 있는 역경을 의도적으로 만들어줘 인내심을 갖도록 하자.
8. 암기 능력보다는 질문하는 습관과 스스로 판단하는 능력을 키워 주자.
9. 행동 규칙을 정해 참을성과 독립성 그리고 자발성을 갖도록 하자.
10. 다른 사람을 위해 일하는 즐거움과 보람을 알게 하자.

제1장

창의성과 교육환경

1. 창의성을 저해하는 환경

01 척박한 창의성 교육환경

창의성 교육을 저해하는 요인을 다음과 같이 설명해도 큰 무리는 없을 것이다. 교과서 중심의 학교 교육, 지식 획득에만 기초한 평가방법, 교사들의 창의성 적성 부족 현상, 학급당 과다 인원수, 다양한 수업을 위한 시설 부족 등 학교환경의 빈곤 등은 창의성을 어떻게 정의하든 창의성 발현에 아무 도움이 되지 않는 요인들이다. 그뿐 아니라 창의성 발현을 방해하는 교실 내적 저해 요인도 다음과 같이 존재한다.

교사의 권위적이고 통제적인 태도, 기계적이고 수동적인 수업,

창의적 문제는 아예 생각지도 못하는 대학입시 준비를 위한 교육의 폐단, 엉뚱한 질문을 잘하고, 한 가지 일에 몰두하고, 별나게 행동하며, 때로는 교사의 언행에 비판을 가하는 창의적인 문제학생에 관심 소홀, 연속적인 실패의 경험, 학교 성적의 불량은 곧 문제아로 판단해 버리는 교사의 지나친 평가적 태도, 문제해결식 수업 부족 등이다.

idea bank

02 무엇이 창의성 발휘를 방해하는가

창의성을 저해하는 조건에는 어떤 것이 있는지 살펴보기로 한다. 창의성 저해 조건이란 창의적인 활동을 억제하는 여러 가지 요인을 듯하며, 창의적으로 생각하는 능력을 억압하고, 창의적인 행동 그 자체를 제지함으로써 개인에게 잠재하고 있는 능력이 충분히 발휘되지 못해서 창의성이 높은 수준에서 작업하는 것을 방해하는 것이다. 아놀드(J. Arnold)는 창의력을 저해하는 조건을 '정신적인 저해 조건(mental block)'이라고 하면서 이것을 세 가지의 기본적인 범주, 즉 인식적인 저해 조건(perceptual block), 문화적인 저해 조건(cultural block), 감정적인 저해 조건(emotional block)으로 분류하였다.

첫째, 인식적인 저해 조건이란 창의력의 저해가 사물을 인식하는 방식에 기인하는 대상을 올바르고 적절하게 파악하지 못하게 하는 것들이다. 대표적인 것으로는 문제를 제대로 파악하지 못하거나, 잘못 파악하는 것이다. 문제 상황을 제대로 파악하지 못하거나 잘못 파악함으로써 창의성을 발휘하는 데 어려움을 겪게 만든다.

둘째, 문화적인 저해 조건이란 사회제도, 관습, 가치 규준이 학습되어서 창의력을 저해하게 하는 것이다.

셋째, 감정적인 저해 조건이란 인간의 여러 가지 감정 상태, 특히 부정적인 감정 상태가 창의력을 저해한다는 것이다. 많은 연구자가 이러한 분류를 채택하고 있으며, 이들 세 종류의 제약 조건에 대해서 여러 가지 견해를 제시하고 있다.

idea bank

03 틀에 박힌 사고방식은 창의성의 적이다

틀에 박힌 사고방식은 창의성을 저해하는데 여기에는 네 가지의 경우를 생각할 수 있다. 하나는 공식이나 규칙, 정해진 문구에 너무 의존하여 생각하면 독자적인 아이디어가 나오지 않아 창의력이 저하된다. 다른 하나는 두 개의 가치 판단, 즉 선과 악, 옳고 그름, 흑과 백 같은 상반되는 두 개의 범주 가운데에 집어넣고 판단하는 경우가 있는데, 실생활에서 판단할 경우에 이러한 양극단 가운데 하나의 범주에 잘 들어맞는다고는 할 수 없다. 즉, 어떤 사물이 하얀색을 띠고 있지 않다고 해서 그것은 반드시 곧바로 검은색이라고 단정할 수는 없다. 양극단 사이에서 이행하는 단계가 무수히 많이 있을 수 있다. 이러한 종류의 판단 형식은 상황을 정확하게 인식하지 못하게 하여 창의력을 저해한다. 또 다른 하나는 정답이 오로지 하나밖에 없다고 생각해 버리는 경우가 있는데, 이렇게 생각해 버리면 경우에 따라서는 그 대안을 쉽게 얻을 수 있음에도 불구하고 유일한 정답을 위해서 언제까지라도 아이디어를 탐구하게 하여 문제 해결의 효율성을 떨어뜨릴 수도 있다. 마지막 하나는 고정된 가치관은 창의력에 저해되는데, 예를 들면 상상에 빠지는 것은 시간의 낭비라든지, 쓸데없이 듣고 싶어하는 것은 품위를 손상시킨다는 생각이 들 수 있다. 이러한 고정된 가치 기준 때문에 창의적인 활동에서 중요한 의미를 갖는 상상이나 호기심의 자유로운 작용이 억제되어 버린다.

idea bank

04 관습이나 가치의 규준도 창의성 발휘를 막는다

관습이나 가치의 규준도 창의성의 저해 요인이 된다. 창의성에서 논리적인 사고가 매우 유익하다는 것은 의심할 여지가 없지만 그렇다고 가치 있는 아이디어는 문제를 논리적으로 추구해 가는 것에 의해서만 생겨나는 것은 아니다. 기상천외한 공상이나 아이다운 생각으로부터 중요한 아이디어를 얻을 수도 있는데 지나치게 논리만을 강조하는 생각은 이러한 상상력의 자유로운 비약을 억제해 버린다. 그리고 통계 숫자의 과신 또한 창의성을 저해한다. 통계적인 수치나 그 밖의 숫자는 우리 생활에서 매우 유익하지만 그러한 수치를 너무 믿어서 언제든지 우리에게 사물의 상태를 정확하게 전달해 줄 수 있다고 생각하는 것은 경우에 따라서는 잘못된 판단을 하게 한다. 예를 들면, 어떤 도시의 연평균 기온이 섭씨 25~26°라고 한다면 많은 사람들은 아무래도 쾌적한 지역이라고 생각할 것이다. 그러나 여름에는 무덥고 겨울에는 춥지만 단순하게 연간 평균이 섭씨 25°라면 이러한 평균치만으로 속단하여 상황을 정확하게 파악하지 못하게 된다.

그 외 창의성을 저해하는 사회·문화적인 저해 요인은 다음과 같다.

첫째, 어떤 사회든지 여러 방면에서 동조성을 강요하는 압력이 존재하는데 이러한 압력이 정도 이상으로 커지면 개성적인 사고나 행동에 제약을 가하여 창의적인 능력을 발휘하는 데 방해가 된다.

둘째, 적절한 경쟁심은 창의력을 발휘하는 데 도움이 되지만 지나친 경쟁 상태에서는 경쟁 상대가 가지고 있는 훌륭한 아이디어의 가치를 충분하게 평가할 수 없게 되어서 아이디어의 발전을 방해한다. 게다가 과도한 경쟁은 불안과 공포와 같은 감정적인 저해 요인이 되기도 한다.

셋째, 창의성 계발을 위한 여러 방법들을 살펴보면 집단을 강조하고 있고, 특히 집단의 협동을 강조하고 있다. 그러나 지나친 협동심은 집단이 갖는 의견이나 행동 양식에 동조하게 만들어 버려서 독자적인 생각이나 행동은 나타나지 않게 된다.

넷째, 창의성의 하위 성향 가운데 하나가 독창성이다. 이 독창성은 새롭게 시도해 보는 가운데 나타나는 것이다. 그런데 새로운 시도가 실현될 수 없다고 입증하는 지식이 지나치게 많을 경우에 새로운 시도를 억제하게 되고 창의력의 발전을 억제하게 된다. 예를 들면 무선전신을 발명한 말코니(Marconi)는 그 당시 물리학에 관한 지식이 그다지 많지 않았기 때문에 발명에 성공하였다고 할 수 있다. 왜냐하면 당시의 물리학의 수준에서는 무선전신의 발명은 전혀 생각하지도 못했기 때문이다. 불가능에 관한 지식뿐 아니라 일반적으로 확정된 지식을 너무 많이 알고 있어도 그것이 일종의 장애가 되어서 새로운 아이디어를 내지 못하게 막아 버리는 경우가 있다.

idea bank

05 지나친 불안은 창의성 발휘를 방해한다

우리의 마음속에 있는 감정들 가운데 몇몇 감정은 창의적인 능력을 발휘하는 데 방해가 되기도 한다. 대표적인 것이 불안이다. 불안은 공포와 더불어 감정적인 저해 조건 가운데도 대표적인 것이다. 불안에서 파생하는 저해 요인으로는 다음과 같은 네 가지를 생각해 볼 수 있다.

첫째, 변화에 대한 저항이다. 자기 자신이 오랜 시간에 걸쳐서 지식이나 경험의 체계를 추구해 온 사람은 자기의 경험과 지식의 체계를 고수하려고 하며, 그것에 저촉되는 새로운 지식이나 경험을 받아들이려고 하지 않는다. 새로운 생각이나 그것이 가져올 변화에 대한 저항은 지적인 차원은 물론이고 자기 자신이 사는 습관, 안주하고 있는 세계를 부정할 수 없다는 생각에서 불안을 느끼는 경우가 많다. 변화에 대해 강하게 저항하는 사람은 독자적으로 혁신적인 아이디어를 내기 어려운 뿐 아니라 다른 사람의 새로운 아이디어에 대해서도 만일 그것이 안주하고 있는 세계를 위협할 경우에는 일부러 그 아이디어의 싹을 없애버려야 한다면서 불안에 떨게 된다.

둘째, 완벽함이 강한 사람은 일에 대한 성과는 언제나 좋아야 한다는 잠재적인 불안을 갖게 되며, 완벽한 성과를 제시하여 다른 사람으로부터의 비판을 받지 않으려고 한다. 따라서 항상 완벽하게 완성되지 않는다면 창의적인 활동을 저해한다.

셋째, 불안 때문에 이미 알고 있는 안전한 해결법을 선택하려는 성향이 나타난다는 것이다. 따라서 문제를 보다 잘 해결하려고 하기보다는 위험을 피하고 안전한 길을 선택하려고 한다. 이러한 성향은 과거의 경험에 지나치게 의존하는 것도 마찬가지이다. 우리는 새롭게 가치 있는 것을 창출하는 데는 위험이 따르며, 안전을 지향하는 것만을 앞세우면 창조 활동을 수행하는 데 어려움이 있음을 잘 알고 있다.

넷째, 성급하게 단정적인 대답을 하려는 것도 문제를 해결하기보다는 오히려 자기 자신 안에 있는 불안을 해소하려고 하는 불안 회피 성향이 앞서 있는 것이기도 하다. 어떤 사람은 어떤 과제에 대해서 명확한 대답을 얻지 못하고 중도 상태에 처해 있을 경우에 그런 상황을 인내하지 못하고 이렇게 저렇게 단정적인 대답을 하여 자아를 안정시키려고 한다. 그러나 이러한 태도는 복잡하고 어려운 과제를 적절하게 해결하지 못하게 만든다. 우리가 종종 겪게 되는 맨 처음 생각에 이르려는 경향도 마찬가지로 마음의 불안에 뿌리를 내린 태도라고 할 수 있다.

idea bank

06 부정적인 정서는 창의성 발휘를 저해한다

우리의 마음속에 있는 정서들 가운데 창의적인 능력의 발휘를 방해하는 정서로는 공포와 욕구 불만, 열등감, 자신감 결여 등이 있다. 공포는 창의성을 저해하는 보편적이고 강력한 요인이라고 할 수 있다. 우리는 창의성을 저해하는 공포로 실패에 대한 공포, 바보처럼 보이는 것에 대한 두려움, 사람들에게 놀림당하는 것에 대한 공포, 다른 사람이 의심하는 데 대한 두려움, 미지의 사물에 대한 공포, 성공하리란 보장이 없는 것에 시간과 비용, 에너지를 소비하는 데 대한 공포 등을 생각해 볼 수 있다. 공포의 징도가 지나치면 사고의 융통성과 유창성이 저하되고 아이디어의 발현을 억제하며 창의적으로 행동하려고 하는 성향 자체도 저지시킨다.

욕구 불만의 정서도 창의성을 저해한다. 욕구 불만이 강하거나 욕구가 저지되면 행동의 융통성을 잃게 되며, 문제 해결 또는 목표 달성에 도움이 되지 않는 무의미한 행동을 고집하게 된다. 열등감과 자신감의 결여도 역시 창의성을 저해한다. 열등감은 처음부터 행동 시도 자체를 제약하여 상황에 극히 소극적으로 대처한다. 자신감 또한 없으면 자기 자신이 아이디어를 내려고 하지 않고 언제나 권위자의 의견을 들으려는 태도를 취하게 된다. 그리고 주변 사람들에게 동조하는 경향이 지나치게 강하면 자기 자신의 아이디어는 나오지 않는다.

idea bank

07 맹신은 창의적 활동을 방해한다

현상에 만족하거나 호기심이 없으면 창의성이 저해된다. 창의적인 활동의 바탕에는 현상에 대한 건설적인 불만이 자리 잡고 있으며, 이러한 불만을 바탕으로 현상을 조금이라도 좋은 상태로 바꾸어 보려고 하는 태도에서 창의적인 활동이 발휘된다. 따라서 동기가 약해서 현상에 만족해 버린다면 창의력의 발휘를 기대할 수 없다. 동기가 지나치게 강해도 창의성이 저해된다. 이 경우는 두 가지로 생각해 볼 수 있다. 하나는 빨리 성공하려고 하는 초조함이 있다면 타당하지 못한 수단을 사용해서라도 성공하려고 할 것이다. 그래서 실제에는 없는 자료를 날조하여 논문을 쓰려고 하거나, 저질의 일을 쓸데없이 다량으로 생산하게 될 것이다. 다른 하나는 연구자 가운데에는 자기가 세운 가설을 지지하는 자료만을 채택하려는 경향의 사람이 있는데, 이런 경우에 해당된다. 이러한 경향에서 벗어나기 위해서 자기의 이론에 대해서 예외적인 반증이 되는 사례를 거침없이 탐구하여야 할 것이다.

그리고 이론이나 법칙에 대한 지나침 믿음 역시 창의성 발휘를 방해한다. 우리는 특정 이론이나 법칙을 신봉하는 경우가 있다. 그런데 이론은 속성상 새롭게 나타나는 사실에 따라서 수정되지 않으면 안 되는 것이다. 만약 특정 이론을 과신하게 되면 사실을 이론에 맞추어서 왜곡시켜 버릴 위험이 있다. 또 특정 아이디어를 맹신하거나 고집하는 경우에도 창의성은 발휘되지 않는다. 자신이 제출한 아이디어나 마음에 드는 아이디어만을 고집하게 되면 객관적인 평가는 불가능하다. 창의성 계발 기법 가운데에 대표적인 방법인 브레인스토밍에서 아이디어를 내는 집단과 발생된 아이디어를 평가하는 집단을 달리 구성하는 것은 이 때문이다.

idea bank

08 좋지 못한 대인관계는 창의성 발휘를 막는다

대인관계에서 불화와 불신은 창의성을 저해한다. 대인관계에서 불화와 불신은 의사소통을 저해하고 협동적인 활동을 어렵게 만들어서 집단적인 문제 해결의 효율성을 떨어뜨린다. 개인도 다른 사람과 사이가 안 좋거나 믿지 못할 경우에 일에 대한 동기가 부여되지 못해서 창의력 발현에 어려움을 겪게 된다.

그리고 대인관계에서 특정한 사람과 동일시하는 것은 창의성을 저해한다. 특정한 사람에 대해서 애정이나 친근감을 가지는 것은 나쁘지 않다. 그러나 자기의 자아를 그 사람에게 강하게 결부시키는 동일시의 기제가 작용하게 되면, 그 사람이 내는 아이디어를 냉정하게 평가하지 못하게 되어 평가의 객관성을 잃어버리게 만든다. 이와 같이 창의력을 저해하는 다양한 요인은 효율적으로 사고할 수 없게 만들며 독창적인 아이디어를 내지 못하게 하고 잘못 사고하게 하기도 하며 행동 성향 자체를 억제하기도 한다.

idea bank

09 교사는 창의성 교육이 무엇인지 모른다

아이의 창의성 계발과 신장에서 가장 영향이 큰 사람은 부모와 교사일 것이다. 그래서 아이의 창의성은 부모나 교사에 의해 억제되기도 하고 예상 밖으로 신장되기도 한다. 이 가운데 특히 교사는 창의성 교육에서 중요한 역할을 한다. 교사는 창의성 교육이 문학과 미술, 음악과 같은 창의성과 관련된 교과에 한정된 것이라고 생각해서는 안 되며, 단순히 창의적인 산물을 제시하면 창의성 교육이라고 생각해서도 안 된다. 교사는 창의성 교육이 무엇인지, 그것이 갖는 교육적인 의의가 무엇인지를 잘 인식하고 있어야 한다. 창의성 교육을 위해서 교사는 창조자가 되어야 할 것이다. 아이의 창의성을 기르기 위한 교사의 조건으로 다음과 같은 것들을 생각할 수 있다. 창의적인 교사일 것, 따뜻하고 수용적이며 이해하는 분위기를 마련하려고 노력할 것, 교사 자신이 지적 호기심이 많을 것, 동기를 부여하고 결과를 평가하는 데 숙달될 것, 자발적으로 학습하게 하고 탐구기능을 신장시켜 줄 것, 다양한 반응을 할 수 있는 환경을 준비할 것, 실패를 두려워하지 않는 과제를 부과하는 방식에 익숙해 있을 것, 집단을 창의적으로 이끌어 갈 것, 여러 전문가와 협력 체제를 이루어 나갈 것 등이다.

idea bank

2. 창의성을 북돋우는 환경

10 교사 자신이 창의적이지 못하다

무엇보다도 먼저 교사 자신이 창의적이지 않으면 안 된다. 교사에게 창의적인 소질이나 재능이 있어야 한다. 만일 교사에게 창의적인 소질이나 재능이 없다면 창의성 교육을 위한 교사의 모든 노력은 허사가 될 것이다. 창의성은 다른 사람의 창의성에 촉발되어 나타나는 경우가 많다. 브레인스토밍의 기본 원리는 집단 가운데에서 아이디어가 서로 촉발되어서 많은 아이디어를 낼 수 있게 하는 데 있다. 아이들은 다른 아이의 창의적인 태도에서도 자극을 받는데 하물며 교사의 창의적인 태도가 아이들에게 주는 영향은 매우 크다. 그러므로 교사는 고정관념에 빠지지 않는 융통성이 있는 사고방식을 가져야 하며 항상 새로운 상황에 적응할 수 있어야 할 것이다. 그렇게 하기 위해서는 다음과 같은 두 가지의 사물을 보는 견해를 습득하면 도움이 될 것이다. 하나는 '익숙하지 않은 것을 보고 익숙해지려고 하는 것'과 '익숙한 것을 익숙하지 않은 새로운 것으로 보려고 하는 것'이다.

익숙하지 않은 것을 보고 익숙해지려고 하는 것은 아무리 처음 접한 문제라고 해도 그것을 분석해 보면 지금까지 경험해 왔던 여타의 문제와 같다고 생각하여 해결하는 것이다. 한편 항상 고정관념에 빠져 있지 않고 주어진 문제를 새로운 각도에서 다시 보려고 하는 것이 '익숙한 것을 익숙하지 않은 새로운 것으로 보려고 하는' 사고방식이다. 창의적인 교사는 항상 이렇게 사물을 보는 방식을 가져야 할 필요가 있다.

idea bank

11 학교에서는 창의적인 교사를 싫어한다

창의적인 사람은 동료들과 사이좋게 지내지 못하는 성향이 있다. 그들은 경우에 따라서는 교만하고 자기만족에 빠지고 예의가 없고 남의 잘못이나 결점을 들추어내기를 좋아하며, 순진하여 어린 아이 같고, 사무적인 능력이 결여되어 있고, 실수를 잘 한다. 그러므로 이런 특성을 가진 교사는 교장에게는 매우 귀찮은 존재일 수 있다. 교사가 창의성이 높은 학생보다도 지능 지수가 높은 학생을 좋아하듯이 교장은 창의적인 교사보다도 창의적이지 않은 교사를 좋아할 것이다. 창의성이 높은 학생이 학교에서 문제를 일으키듯이 창의성이 높은 교사는 교장에게 문제가 된다. 창의적인 것은 예측할 수 없기 때문에 다른 사람을 항상 불안하게 만든다. 그래서 교장은 창의적인 교사에 대해서 불안함 또는 심지어 적개심마저 갖게 되는 것이다.

그러나 실제로는 창의적인 교사는 학교에서 매우 귀한 존재이다. 왜냐하면 그들에 의해서 아이의 창의성은 점화되어 발휘되고 신장될 것이며, 다른 교사는 그들로부터 자극을 받아서 창의적인 연구에 힘쓸 것이기 때문이다. 창의적인 교사는 교장이 훌륭한 학교 경영을 할 수 있도록 좋은 아이디어를 제공해 주기도 한다. 교장은 창의적인 교사들의 특징을 잘 알아서 그들을 가능하면 관대하게 대하여 이들을 현명하고 창의적으로 지도할 수 있어야 할 것이다.

idea bank

12 학교는 창의적인 교사의 몰입을 방해한다

토랜스(Torrance)는 창의적인 교사는 일에 완전히 몰두해 버리는 성향이 있다고 하였다. 그들은 자신에게 주어진 일을 완결하려고 애쓰고 있을 때 그 일을 그만두게 하거나 변경하도록 요구하면 안 된다. 만약 변경해야 한다면 시간이 조금 지난 후 변경하도록 기다리는 것이 최선이다. 그리고 잘못된 내용이 있어도 관대하게 넘겨야 한다. 그렇지 않다면 그들은 실패를 두려워하여 아무것도 할 수 없게 되어 버린다. 창의적인 교사는 지위나 권력을 바라지 않으며 더 나아가서 그것들을 두려워하지도 않는다. 어려운 문제에 직면하여 스스로의 생각대로 일하기를 좋아하며, 경우에 따라서는 자기 혼자서 일하기를 즐긴다. 그러나 그들은 다른 사람을 인정하고 칭찬을 아끼지 않는다. 교장은 때때로 그들의 생각을 들어주고, 그들의 능력을 인정하여 그들의 노력을 보상해 주는 것이 좋다. 교장이 얼마나 창의적으로 학교를 경영하는지는 교장이 창의적인 교사를 어떻게 지도하고 다루느냐에 달려 있다.

idea bank

13 창의적인 교사는 아이의 자연성을 부정하지 않는다

창의적인 교사에 있어서 교육적인 소질은 무엇을 뜻하는가? 그것은 지식 가운데 있는 것이 아니고 정의적(情意的, affective)인 생명 안에 있다고 말한다. 교육적 소질은 감성(emotion)과 직관(intuition) 가운데, 상상력과 노력 가운데, 그리고 윤리적인 세계와 미적인 세계 가운데 있는 '또 다시 아이가 되는 선천적인 능력'이라고 하는 것이다. 루소(Rousseau) 시대부터 아이들의 천성이라고 여겨왔던 신성함,

엄숙함, 경건함 또는 불가침성을 인정하는 사람은 있었는데 그렇다고 그들은 창의적인 교사도 그러한 특질을 지녀야 한다고까지는 생각하지 않았다. 즉, 아이들을 자유롭게 발달시키고 될 수 있으면 외부의 인위적인 환경의 영향을 받지 않게 하여 자연 그대로 키워야 한다고 하는 생각에 머물러 있었다. 만일 이러한 아이들의 능력을 금지하고 해를 주는 교사가 있다면 자연의 신성함에 대해 부정을 저지르게 하고 있고, 다가올 미래의 문화에도 나쁜 영향을 줄 수 있다고 생각되고 있는 것이다.

창의적인 아이를 만드는 것은 마치 창의성이 계속 발달하고 있는 아이의 정신과 육체를 만드는 것과 같다. 아이를 만든다는 것은 목적이고, 교재는 그 수단에 지나지 않는다. 창의적인 아이의 정신생활을 형성한다는 말은 조각가가 돌에 어떤 관념을 표현하는 것과 같다. 교사는 이런 조각가와 마찬가지로 교사가 스스로 상상하고 있는 이상적인 모습으로 아이를 빚으려는 것이다. 게다가 그는 교사의 고유한 활동, 즉 아이와 보조를 맞춰 나가면서 옆에서 따라가며 위험한 것을 막아 주고, 아이가 행하는 것을 지원하여 아이가 스스로 어떤 방법을 찾도록 하는 것이다.

idea bank

14 교사는 자신의 업무에서 완전히 자유롭지 못하다

창의적인 교사가 창의적인 교수를 위해서 자유로운 예술가로서의 교사를 생각해 볼 수 있다. 예술가의 직업이 결코 예술적인 재능만을 표출하지 않는다는 것도 교사의 직업과 공통점이라고 하겠다. 진정한 교사의 직업과 예술가의 직업과의 공통점은 선천적인 재능만이 아니라 후천적으로 획득한 윤리적인 덕의 존재 여부에 있다. 예술가란 한 명의 인격자여야 한다. 교사의 예술가와 같은 성질은 또한 자유에 대한 갈망이다. 진정한 창의적인 교사는 내면적인 동기로부터 우러나오는 자유를 추구하는 투쟁가이다. 교사의 직분을 충실히 이행하는 것, 의무 감정, 교육적인 이상에 대한 감동은 교사를 투쟁의 입상으로 나아가게 한다. 교사는 모든 관료적인 감독에 대한 투쟁가가 된다. 창의적인 교사는 활동 영역에 있어서 예술가처럼 자유로운 경우에만 직무를 완전히 수행할 수 있는 것이다. 그렇다고 모든 것이 자유롭다면 좋다는 말이 아니다. 교육에는 강제성을 제시하고 강조하게 되는데, 이러한 측면에서 보면 교사는 완전히 자유롭다고 말하지 못한다. 대규모의 학교 경영에서는 교사가 필연적으로 조직 구성원이기를 바라며, 그것은 자의적인 것을 묵인하지 않는다. 진정한 교사는 자신의 직분을 수행하는 것 자체나 학급에 대한 활동에 있어서는 어떤 강제도 묵인하지 않는다. 강제는 창의적인 교육에 해가 되고 직접적이고 치명적인 작용을 한다. 교사의 창의적인 교육활동을 간섭하는 학교 관리는 단지 해가 될 뿐이다. 예술가의 일에 있어서는 모범적이고 천재적인 작품에 의한 영향만 있을 뿐이듯, 창의적인 교사에게도 이상적인 모범에 의한 지도만이 있을 뿐이다. 진정한 창의적인 교육활동은 예술가의 일처럼 자유로운 환경 속에서 훌륭한 예술가에 의한 인격적인 영향이나 정신의 발달에 있는 것과 같다고 하겠다.

15 아이들의 창의성을 자극하는 생생한 교재가 없다

모든 교재는 아이들을 자극하고 강한 인상을 남길 수 있어야 한다. 교사에 의해 생생하게 표현되고 만들어진 교재는 아이들의 상상력을 자극할 수 있다. 성의 없이 그리고 어쩔 수 없이 만들어진 교재는 창의성 신장이라는 교육목표에 어울리지 않는다. 교사의 따뜻한 마음을 담은 교재는 아이들의 창의성을 자극하여 사라져가는 아이들의 창의성을 다시 새롭게 소생시켜 준다. 새로운 생명은 생생한 인간 정신 안에 있고, 그것은 창조자의 입김과 마찬가지로 죽은 재료에 갑자기 바람을 불어넣어 생명을 선물해 주는 것이다. 이렇게 교재에 영혼을 불어넣는 교사는 예술가와 마찬가지로 뛰어난 표현자여야 할 것이다. 그 경우에 교재는 단순히 전달하는 수단이 아니라 육성하고 촉진시켜야 하는 문화재로서 다루어져야 할 것이다.

그런 의미에서 우리는 교사를 기계로 생각해서도 안 되며 영원히 단조로운 일을 하는 사람으로서가 아니라 문화를 전수하고 창조하며, 문화를 발전시키는 사람이라고 생각해야 한다. 문화를 발전시키는 활동에 의해서 비록 부분적이기는 하지만 미래 세대가 편안하고 행복을 누릴 수 있다. 문화라는 것은 이상적인 재산이며, 여러 가지 내용을 포함한 국가적인 보물이다. 그것들은 연구 성과와 기술에 의한 생산물, 풍습이나 관습, 예술적인 창작에 의해 양적으로 풍부하게 축적된다.

idea bank

16 창의성은 집단 지성에서 나온다

오늘날 자기 혼자서 연구하는 독창적인 천재의 시대는 지나갔고, 공동으로 노력을 경주하는 천재 집단의 시대로 전환되었다. 창의적인 활동에 있어서도 집단에 의한 활동이 활발하게 이루어지고 있다. 대부분의 훌륭한 아이디어는 천재 집단의 연구 활동의 산물이다. 그러나 조직화된 집단 연구 활동에서도 역시 개인의 창의력은 중요하다. 왜냐하면 한 인간의 두뇌를 떠나서 생겨난 아이디어는 있을 수 없기 때문이다. 상호 협동 조직의 효과를 아무리 가미한다고 해도 모든 아이디어는 단 한 사람의 두뇌의 소산임에는 틀림없다. 단지 전체의 합이 개인들의 합의 총합보다 크다는 것이다.

이렇게 볼 때 교사는 아이들의 창의성을 더욱 더 생산적으로 신장시키기 위해서 소집단에 의한 활동이 활발하게 이루어질 수 있게 해 줄 필요가 있다. 그런데 소집단의 구성원을 조합시키는 최소의 단위는 두 명을 한 모둠으로 하는 방법이다. 두 명을 한 모둠으로 하여 생각하게 하면 일을 할 때는 계속해서 상대방의 존재를 인식하게 되고, 자기가 양보하여 생각을 바꾸거나 서로 생각을 인출하게 하기 때문에 관념의 고정화를 벗어날 수 있다. 특히 이질적인 두 명을 한 모둠으로 하는 것이 좋다. 또한 항상 신선한 아이디어를 요구하고 있는 광고계에서는 카피라이터와 디자이너의 한 모둠은 상식으로 되어 있다. 중학교 2학년 학생의 소시오그램을 연구한 결과에 따르면, 창의성이 높은 학생과 지능이 높은 학생이 서로 선택하고 있었다. 또한 지능 검사의 결과는 높고 창의성 검사가 낮은 학교에서는 창의성이 높은 학생이 많이 선택되고 있고, 반대로 창의성 검사의 결과가 높고 지능의 검사 결과가 낮은 학교에서는 지능이 높은 학생을 많이 선택하고 있었다. 즉, 이질적인 상대를 친구로 삼으려고 하는 심리적인 메커니즘이 작용하고 있다는 것이다. 이렇게 볼 때 하나의 모둠을 구성하는 데는 지능이 높은 학생과 창의성이 높은 학생으로 구성하는 것이 이상적이라고 할 수 있을 것이다.

idea bank

17 생각하는 독서법으로 창의적인 교육풍토를 만들어라

창의성 계발을 위해서 교사는 창의적인 교육풍토를 마련하려고 노력해야 할 것인데 그렇게 하기 위해서는 독서가 매우 중요하다. 독서는 창의성에 영양분을 공급하고 뼈대를 제공한다. 그렇다고 모든 책이 모두 창의력에 도움을 주지는 않으며 독서하는 방법도 문제가 될 수 있다.

창의성 계발에 도움을 주는 독서방법에 관해 오스본(Osborn)은 다음과 같은 것들을 지적하고 있다. 먼저 디킨스, 듀마, 콘라드, 커플링의 소설이나 우수한 탐정물은 창의성 계발에 많은 도움을 주는데, 특히 이것들을 읽을 때 방관자적인 입장이 아니라 직접 주인공이 되어서 그와 함께 호흡하면서 읽어 나갈 때 창의성에 도움을 준다는 것이다. 또한 그는 오 헨리의 단편 소설들도 창의성 계발에 도움을 주는데, 전반부를 읽은 다음에 책을 덮어놓고 후반부는 저자의 의도를 생각하면서 스스로 이야기를 꾸며보고 나중에 원저자의 내용과 대조하면서 읽는 방법을 제시하기도 하였다. 그 밖에 자서전과 성경도 창의성에 도움을 주는데, 이러한 책을 읽을 때 그저 읽는 것이 아니라 생각하면서 읽어야 한다.

18 질문은 우리의 사고를 창의성으로 유도한다

창의적인 교육풍토를 마련하기 위해서 교사의 질문은 매우 중요한 요소이다. 우리는 실제적인 문제를 해결하려고 할 경우에 질문을 던짐으로써 우리의 사고를 의식적으로 유도하여 문제를 해결한다.

창의성을 향상시키는 질문으로 오스본은 "또 다른 용법은 무엇인가?" 또는 "다르게 활용할 수는 없는가?"를 들고 있다. 전자의 경우를 예로 들어 보면, 폐기물을 무엇에 이용할 수 있는가는 돼지의 배설물을 제외한 모든 부산물을 새롭게 이용할 것인가를 고안해 내는 과정에서 제기될 수 있는 물음이다. 강철찌꺼기는 통상적으로 폐품에 불과하지만 그것은 철로의 자갈용으로, 시멘트 제조용으로, 벽돌을 쌓는 가공품으로 사용되고 있다. 또한 한 강철업자가 그의 공장 굴뚝에서 나오는 연기를 보면서 "저 가스를 어디에 쓸 수 있을까?"라고 질문하였다. 그 질문은 오늘날 코우크스 제조용 가마로 대량 생산되어 화학업계와 제약업계에서 50여 만 가지의 이용법으로 활용되기에 이르렀다. 후자의 경우, 즉 달리 활용할 수는 없는가의 예를 들면, 만약 어떤 사람이 산 위에 있는 고압선을 정찰할 새로운 용도를 생각하지 않았다면 헬리콥터는 박물관 속의 물건으로 전락되어 버렸을 것이다.

idea bank

19 칭찬과 격려는 아이들을 춤추게 한다

아이들을 칭찬해 주는 것만으로도 창의성의 꽃을 활짝 피울 수 있는 반면, 용기를 꺾는 것은 창의성의 꽃을 잘라 버리는 결과를 가져온다. 자신이 기울인 노력의 결과를 인정받는다면 더 좋은 아이디어를 더 많이 내게 될 것이다. 모든 아이디어는 비록 칭찬받지는 못하더라도 적어도 받아들여져야 하고, 적어도 계속 노력할 수 있는 용기를 심어 주어야 한다.

호텔의 종업원에서 대기업의 사장이 된 사람의 이야기가 있다. 그가 호텔의 종업원으로 일하고 있을 때는 물주전자를 들고 여러 층을 뛰어서 오르내려야 했다. 그는 그 일을 보다 쉽게 할 수 있을 것이라고 생각했고, 그래서 각 객실에 파이프를 통해 얼음물을 보내 주는 아이디어를 낳게 하였다. 그는 호텔 경영자가 되고 나서도 호텔 종업원들도 누구든지 좋은 아이디어를 낼 수 있다고 생각하며, 그들의 아이디어를 원한다는 것을 종업원들 모두에게 알렸다. 누가 무엇이든 제안해오면 호텔 경영자는 그의 노력에 대해 칭찬해 주었고, 아이디어가 좋으면 상을 주기도 하면서 그들이 계속해서 노력하도록 격려하였다. 창의적으로 사고하게 하는 데는 칭찬하는 것만큼 효과적인 것이 없다. 보다 좋은 아이디어를 보다 많이 얻기 위해서는 아이들을 격려해 주지 않으면 안 된다. 부모나 교사는 아이의 창의적인 노력에 대해 용기를 잃게 할 가능성이 있는 언행이라면 그것이 아무리 하찮은 핀잔일지라도 삼가고 아이의 노력이 무엇인지를 잘 알아보아야 한다. 칭찬을 해 주면 아이는 용기를 얻어서 창의적인 노력을 더 하게 된다. 그런데 직접 칭찬하기보다도 칭찬하는 이야기를 엿들었을 때 훨씬 더 용기를 얻게 된다.

idea bank

제2장

창의성과 학교환경

20 이질적인 학급 편성은 창의성 계발에 도움이 된다

창의성은 모든 아이에게 구비되어 있고 이것을 계발하고 신장시키는 일이 창의성 교육의 목표라고 할 수 있다. 학교에서의 창의성 교육은 결코 소수의 영재나 천재만 생각하고 있지 않다. 그런데 우리나라에서 실시되고 있는 평등한 학습 편성에는 창의성 교육이라는 측면에서 보면 문제가 많다. 학생들의 창의성에는 커다란 차이가 있으므로 그 차이에 맞게 적절하게 교육시키기 위해서는 창의성의 차이에 따른 학급 편성은 당연하다. 창의적인 교육에서 창의적인 능력에서 차이가 있는 아이들을 함께 효과적으로 교육할 수 있다는 생각은 쉽게 받아들이기 어렵다.

그러면 초등학교에서 창의성을 계발하기 위해 어떻게 학급을 편성하면 좋을까? 먼저 이중 진급 제도에 관해 생각해 보자. 이것은 초등학교의 교과를 두 개의 범주로 나누어서 하나는 국어와 사회 그리고 체육이 속하는 것으로 종래의 방식대로 학년제에 의해서 학생들을 진급시키지만 다른 하나는 수학과 과학 그리고 미술과 음악이 속하는 것으로 이들 교과를 학생 각자의 능력에 따라 진급하게 하는 것이다. 이렇게 하는 근거로는 국어나 사회와 같은 교과는 모든 시민에게 필요한 사실이나 가치를 포함하고 있고, 모든 학생에게 똑같이 교육시키지 않으면 안 된다. 국어 교과의 목표는 자유롭게 국어로 말하고 시민으로서 권리와 의무를 정확하게 알려주는 데 있다. 그림을 잘 그리지 않아도, 알코올의 분자식을 알지 못해도, 방정식을 잘 풀지 못해도 일상생활에는 별 자이가 없다. 그림과 과학 그리고 수학은 그 방면에 재능이 있는 학생들이 대체로 그 재능을 살려서 인류에게 기여하면 좋다. 따라서 과학이나 예·체능은 각 학생들의 능력에 따라 진급시키고 잘 하는 아이들은 비록 나이가 어리더라도 나이 많은 학생들과 함께 지도해야 할 것이다. 만일 그렇게 된다면 수학을 잘하는 학생은 심지어 초등학교 재학 중일지라도 고등학교 과정의 학력을 획득할 수 있게 된다. 물론 각 교과는 각각 전문적인 교사가 담당하여야 한다. 이러한 방식이야말로 창의성 육성이라는 견지에서 바람직하다고 생각한다.

idea bank

21 창의적인 아이들을 위해 교사가 실천해야 할 행동은 따로 있다

창의적인 아이들에 대해서 학교는 특별한 배려와 지도가 필요하다. 토랜스는 창의적인 아이가 자신의 창의력을 계속 계발하여 신장시키기 위해서 교사에게 다음과 같은 여섯 가지의 특별한 역할을 제시하고 있다. 첫째, 창의적인 아이들을 옹호할 것, 둘째, 창의적인 아이의 후견인이 될 것, 셋째, 창의적인 아이에게 자기 자신과 다른 사람의 차이를 알게 할 것, 넷째, 창의적인 아이의 생각을 사람들에게 전달하도록 해 줄 것, 다섯째, 창의적인 재능이 다른 사람들로부터 인정받을 수 있게 해 줄 것, 여섯째, 부모나 다른 사람이 그를 이해할 수 있도록 해 줄 것 등이다.

창의적인 학생은 교사나 친구들이 좋아하지 않아 소외되는 경향이 있다. 창의성의 본질상 어쩔 수 없는 것이다. 창의적인 아이는 교사에게 이해받지 못하거나 친구들로부터 따돌림 당하는 것이 두려워서 독창적인 발상을 스스로 억제하고 창의성을 위축시켜 버리기도 한다. 따라서 창의적인 아이를 따뜻하게 이해하고 옹호하며 후원하는 일이 매우 필요하다. 또한 창의적인 아이는 자신의 창의적인 생각이나 그것의 검증 결과를 다른 사람에게 알리고 싶은 강한 충동도 있다. 그의 생각이 다른 사람에게 전달될 수 있도록 그리고 그의 창의적인 재능을 다른 사람이 인정할 수 있도록 도와줄 필요가 있다. 이러한 보호나 도움이 없다면 그들의 창의성은 계발될 수 없다.

idea bank

22 학교장의 경영 마인드가 창의적인 교사에게 어떤 영향을 끼치는가

창의성 교육을 위해서 학교장의 학교 경영 태도는 매우 중요하다. 당연한 말이지만 학교장 자신이 창의적인 태도를 가지고 학교를 경영해야 한다. 이것은 결코 학교장의 독선적이고 관료적인 학교 경영을 뜻하지 않는다. 학교장은 교직원의 지도자로서 그들을 중심으로 하여 학교를 운영해야 하므로 창의적인 교육을 위해서는 학교장에게 창의적인 태도가 요망된다. 토랜스(Torrance)는 창의적인 학교장의 특성을 다음과 같이 지적한다. 학교장은 호기심이 많으면 일에 잘 만족하지 못하며, 일에 대해 열의가 대단하고, 자기 자신의 열의를 다른 사람에게 전파하며, 융통성이 있고, 전통적인 사고를 과감하게 의심해 본다. 즉, 학교 경영에서 현실의 학교에 만족하지 않고 여러 가지 측면에서 검토하고 개선하려고 하며, 개선에 대한 열의를 다른 교직원들에게 전달하고, 사고방식에도 융통성이 있어서 상대방의 의견에 귀 기울이고 새로운 착상을 환영한다.

학교장은 교사에게도 창의적인 교육을 위한 연구를 장려하거나 심지어 함께 연구하여 동료의식을 갖게 해야 한다. 그렇게 하기 위해서는 자기 자신은 물론이고 교사들을 잡무에서 해방시켜 창의성 교육에 관심을 기울이도록 해야 할 것이다. 또한 학교장은 창의성을 육성하려는 자신의 생각이나 열정을 교사와 학부모 그리고 교육청에 전달하고, 그들의 이해와 협력을 얻어야 하는데, 이것은 학교를 원활하게 경영하고 성공적으로 나아가기 위해서 당연히 해야 할 일이다. 더 나아가 교사에 대해서는 창의적인 수업을 위한 연구를 장려하고 교사 스스로가 창의적이 되도록 해야 할 필요가 있는데 창의적인 교사야말로 창의적인 학생의 신선한 감각에 공감할 수 있고 그렇게 해서 그들의 창의성을 육성하는 데 기여할 수 있다.

idea bank

23 학교장은 창의적이지 못한 교사를 어떻게 해야 하나

어떤 교사는 무사 안일한 성향이 있어서 소극적이고 또 어떤 교사는 창의적인 욕망이 없는데, 그 이유는 정해진 방식에 안주하는 쪽이 쉽고 심신이 편안하기 때문이다. 또 어떤 교사는 창의적인 것을 두려워한다. 왜냐하면 창의적인 활동을 하여 동료 교사나 부장 교사로부터의 비난을 받는 위험을 감수하기 싫기도 하고 학교장이 어떻게 말할지 주목하고 있기 때문이다. 이것은 교사에게만 해당하는 특유한 태도는 아니다. 인간에게는 자기 자신의 안전을 위해서 동료와 동조하려고 하는 근본적인 성향이 있다. 우리가 사회생활을 하는 이상 이것은 당연한 일인지 모른다. 창의적인 일을 하면 동료로부터 미움을 받거나 조롱당할 수도 있다. 창조는 항상 그러한 위험을 수반하고 있다.

그렇다면 교사의 창의성을 장려하기 위해서 학교장은 구체적으로 어떻게 하면 좋은가? 이에 대하여 토랜스의 다음과 같은 주장을 한다. 첫째, 창의성과 창의적인 교육을 존중하고 있음을 교사에게 알린다. 둘째, 교사가 가지고 있는 생각을 표현할 수 있는 정식 장치를 마련한다. 셋째, 자기 자신과 다른 생각을 관대하게 받아들인다. 넷째, 실험과 실습을 장려한다. 다섯째, 교사에게 과도한 의무를 부과하지 않는다. 여섯째, 학교의 풍토를 흥분이 넘친 모험적인 것으로 만들어야 한다. 일곱째, 팀워크를 지나치게 중시하지 않는다. 여덟째, 아이디어를 솔직하게 평가해 줄 수 있는 만남이 이루어지도록 해 준다. 아홉째, 다른 교사의 창의적인 일에 함께 할 기회를 교사에게 제공한다.

이렇게 학교장이 창의적인 태도를 가지고 업무에 임하고 교사의 창의적인 연구를 장려한다면 교사 또한 창의적으로 되고 학교에는 창의적인 풍토가 마련될 것이다. 이러한 풍토 속에서야말로 아이의 창의적인 활동이 촉진될 것이다.

idea bank

24 창의성 교육에 대한 부모의 인식 전환이 필요하다

오늘날 교육의 바탕에는 단순히 공부를 잘하기보다 창의적인 사람이 출세하는 시대라는 인식이 자리하고 있어서 부모들은 자녀를 창의적인 아이로 키우고 싶어 한다. 어떻게 하면 그런 아이로 키울 수 있을까? 창의적인 아이로 키우는 방법을 잘 모르는 부모들은 상업적인 학습지에 많이 의존하고 있다. 그러나 한 연구에 따르면, 학습지에 오래 매달리는 아이는 창의성이 낮은데 그 이유는 학습지를 많이 하는 아이는 모방에 능숙해져서 창의력을 발휘하지 못한다는 것이다. 같은 연구에서 창의성을 위해 독서와 그림 그리기를 권하고 있는데 독서의 경우 무턱대고 많은 양의 책읽기는 오히려 창의성에 해를 주는 것으로 조사되었다. 컴퓨터와 스마트폰, TV 시청과 창의성 간의 관계도 언급하고 있는데 컴퓨터를 사용하는 아이가 사용하지 않는 아이보다 더 창의적이지만, 하루 2시간 이상이 되면 오히려 낮은 것으로 조사되었다. 게다가 컴퓨터로 공부나 게임을 하는 것보다 인터넷을 통한 자유로운 활동을 하는 것이 창의력 향상에 도움을 주는 것으로 분석되었다. 스마트폰의 경우도 인터넷과 비슷한 결과가 나올 것으로 추측된다. 인터넷과 마찬가지로 적당한 TV 시청은 창의력 향상에 도움이 되어 하루 평균 1~2시간을 보는 아이들의 창의성이 가장 높았고 그 이상은 오히려 낮았다. 컴퓨터와 TV 시청에 많은 시간을 빼앗기면 다른 교육적인 활동을 할 기회가 줄어들어서 창의성 발달에 지장을 주는 것으로 조사되었다.

아이들의 창의성 계발에서 학교와 가정과의 긴밀한 연락과 협력은 중요하다. 학교장이나 교사는 먼저 부모에게 창의성에 관한 다양한 정보를 잘 알려 주어야 한다. 부모는 특히 창의성은 매우 중요한 능력이며, 인간은 누구든지 창의적인 능력을 구비하고 있고 그 능력은 아이를 다루는 방법에 따라서 증가할 수도 감소할 수도 있으며, 창의적인 능력을 충분히 신장시키는 것은 학교와 가정의 임무임을 잘 알고 있어야 한다.

자녀의 창의성 육성방법에 대해서도 부모에게 잘 인식시켜 주어야 한다. 아이의 창의성은 지적인 호기심에서 나타난다. 아이는 부모에게 여러 가지 질문을 하는데, 이때 어른이 그것이 귀찮다거나 너무도 엉뚱한 질문이라고 해서 야단치는 것은 좋지 않다. 야단을 맞으면 질문을 바로 멈추어 버릴 뿐 아니라 호기심을 갖는 것도 멈추어 버리기 때문이다. 아이의 질문에 좋은 해답을 위해서 부모는 추측하여 현실에 비추어 검증하는 것을 배울 수 있도록 힘을 길러 주어야 한다. 경우에 따라서는 부모가 자녀의 탁월한 창의성을 이해하지 못하여 부모를 불신하게 되고 결국 비행으로 치닫기도 한다. 따라서 학교는 그 아이가 탁월하게 창의적이라는 것을 부모에게 잘 알려줄 필요가 있다. 그런데 어떤 경우는 정작 학교가 탁월한 아이를 이해하지 못하여 아이를 고통스럽게 하고 부모를 한탄하게 만드는 경우가 있다. 에디슨(Edison)의 경우 학교에서 나쁜 아이로 간주되었지만 부모는 그의 창의적인 재능을 인정하여 그것을 길러 주기 위한 배려를 아끼지 않았고, 그렇게 해서 위대한 발명가가 되었다. 학교와 부모는 서로 긴밀하게 연락하면서 다소의 의견 차이에 대해서는 서로 반성하여 잘 의논하고 아이를 지도하는 데 유감이 없도록 노력해야 한다.

idea bank

25 4차 산업혁명기에 자녀의 창의성 교육은 어떻게 하나

자녀를 첨단 미래 산업의 선도자로 키우고 싶어 하는 부모들에게 창의성 교육은 지상과제나 다름없다. 기존의 틀을 깨는 자유로운 발상이 바로 창의성이기 때문이다. 현재 유행하는 창의성 교육은 창의적인 사고방법만을 지나치게 강조하고 있어 자칫하면 내용 없는 껍데기가 될 우려가 있다. 엉뚱하고 색다른 아이디어면 무조건 창의적인 사고로 오해하거나 더 나아가서 창의성을 위해서 기본적인 지식 습득을 등한시하는 경향이 있는데 이는 매우 위험하다. 원이나 선을 제시한 뒤 이것을 이용하여 자유롭게 그리게 한다든지, 머릿속에 떠오르는 생각을 모두 이야기하게 하는 등의 방법이 그러하다. 이럴 때는 즉석에서 나온 생각이 현실에 적합한지, 어떻게 유용하게 활용할 수 있는지에 대한 검증이 필요하다. 특히 우리는 특정 주제나 과제 없이 생각하는 방법만 배워서는 안 되고, 한 가지 주제를 깊이 있게 공부할 때 비로소 창의성이 도출되는 것임을 알아야 한다. 창의성에는 자신이 하고 있는 과제와는 전혀 상관없는 영역에서 생각을 끌어오는 연상 능력도 필요하다. 따라서 자기가 좋아하는 과목만 열심히 할 것이 아니라 다양한 분야의 지식을 골고루 습득해야 한다.

부모는 기본적으로 고정관념을 버리고 열린 생각을 보여주어야 할 것이다. 자녀의 호기심과 의문을 받아들이고, 다양한 경험과 지식을 쌓도록 배려해 주는 것이 필요하다. 아이들은 질문을 많이 한다. “딸꾹질은 왜 하나요?”, “눈은 왜 깜박거려요?”, “하늘은 왜 파란가요?”라는 비교적 단순한 것부터 “나는 어디서 왔나요?” 또는 “하나님은 어디 있어요?”라는 주제까지 제한이 없다. 막상 이런 질문을 받은 부모들은 선뜻 대답하기가 쉽지 않다. 아이에게 ‘딸꾹질은 횡격막의 경련으로 들이쉬는 숨이 방해를 받아 목구멍에서 소리가 나는 증세’라고 설명하는 부모는 많지 않다. 햇빛 중의 파란 광선은 다른 광선보다 쉽게 흩어지기 때문에 우리 눈에는 하늘이 파랗게 보인다는 것을 부모가 제대로 아는 경우도 많지 않다. 설사 알아도 이것을 아이들이 이해할 수 있게 설명하기란 여간 나감한 일이 아니다. 그러나 때론 엉뚱하기까지 한 아이들의 호기심에 얼마나 적절히 대응하느냐에 따라 아이들의 창의성은 무한히 계발될 수 있다. 부모가 모른다고 적당히 얼버무리거나 귀찮은 걸 묻는다고 타박하면서 끝내는 것은 금물이다. 잘 아는 질문이라 해도 즉시 답을 주는 것 역시 바람직하지 않다. “집에서 어렸을 때부터 다양한 자극을 통해 과학에 대한 호기심이 커졌다”거나 “학교교육도 중요하지만 가정교육을 통해 동기를 갖는 것이 중요하다”는 말이 있는데, 우리나라의 부모들은 ‘창의성 계발’과 ‘영재교육’ 이름을 내건 사교육 프로그램에 몰리고 있다. 아이들이 우리말로 채 익히기 전부터 영어 학원에 보내고 학습지를 시키는가 하면 초등학교부터 논술과 가르치기 위해 직접 논술 공부를 하는 엄마들도 있다. 아이들에게 무언가를 가르쳐야 한다는 새로운 강박관념이 생겼기 때문이다. 그러나 아이들이 부모에게서 정작 배워야 할 것은 정답이나 교과목이 아니다. 부모가 아이의 창의성을 향상시키기 위해서는 끊임없이 호기심을 가질 수 있고 그 호기심을 기탄없이 표현할 수 있는 가정 분위기를 만들어 주는 것으로 충분하다. 조금만 관심을 기울인다면 일상적인 대화를 통해서도 얼마든지 가능한 일이다.

idea bank

✿ 창의성을 창의하다

1. 창의성 발휘를 방해하는 교실 내·외적 요인에 대해 자신의 교육경험과 관련지어 발표해 보자.
2. 창의성 발휘를 방해하는 감정적인 요인에는 어떤 것들이 있는가?
3. 창의성을 저해하는 사회·문화적인 요인에 대해 토론해 보자.
4. 중고등학교 교과들 중 창의성과 가장 관련이 적었던 과목은 무엇이었는가?
5. 4차 산업혁명과 창의성은 어떤 관계가 있는지 서로 토론해 보자.

제2부

창의성의 씨앗을 뿌리다

우물에서 바다로 나간 개구리

경전에서는 중생을 우물 안의 개구리로 비유합니다.

어느 날 바다에 살던 개구리가 우물에 빠지자 우물 안에 있던 개구리가 바다개구리에게 물었습니다.

"넌 어디에서 왔니?"

"난 바다에서 왔단다."

"바다라는 곳은 어떤 곳이니?"

"무지무지하게 크단다."

"그럼 이 우물만큼 크겠구나."

우물 안에서 태어나 그곳에서 자란 개구리는 자기가 본 세계 중에서 가장 큰 세계가 우물일 수밖에 없습니다. 따라서 우물 안에서 자란 개구리는 모든 사물을 우물을 기준으로 판단할 수밖에 없었던 것입니다. 그렇듯이 오늘 우리들의 생각도 어릴 때부터 보고 듣고 배우고 느낀 범위에서만 생각하는 것이지, 그 밖의 것은 전혀 상상할 수 없습니다.

이런 습관 속에 젖어 있는 우리들에게 진리를 설명해서 깨닫게 하는 것은 우물 안의 개구리에게 바다를 설명하는 것만큼 어렵습니다. 눈이 어두운 사람이 법당의 단청빛깔이 얼마나 곱고 아름다운지 알 수 없듯이.

현실을 직시하지 못할 때 우리는 어떤 고통을 겪게 될까요?

어떤 사람이 친구들과 항상 다투고, 집에 오면 또 식구들과도 갈등이 심해 늘 짜증이 난다고 했을 때 왜 나와 관계 맺고 있는 사람들은 다 저럴까 하면서도, 그 이유를 제대로 파악해서 해결하지 않는다면, 여전히 갈등과 다툼으로 인한 정신적 고통이 계속될 것입니다.

가족 간에 생활비 문제로 서로 갈등할 경우, 수입금을 보다 효율적으로 사용하여 절약하면 평안한 가정이 될 것입니다. 또 친구 간에 갈등이 있고 그 갈등이 자신의 이기심 때문이라면, 자신의 성품을 보다 너그럽게 가지면 관계가 개선될 것입니다.

이처럼 현실을 있는 그대로 정확히 바라보지 못함으로써 받는 고통이 우리에게는 무수히 많습니다. 깨닫는다는 것은 바로 우물 안의 개구리가 바다로 나가 그 웅장한 면모를 여실히 보고 알듯, 눈이 멀었던 사람이 눈을 뜨듯, 현실을 있는 그대로 보는 것입니다.

우물 안 개구리에게 깨달음의 첫발은 바다로 나가는 데서부터입니다(법륜스님, 1990, 우물에서 바다로 나간 개구리. 정토출판 p.21-22.). 이렇게 창의성은 자아의 깨달음과 성찰이 그 씨앗이 되어 무럭무럭 자랍니다.

제3장

창의성 교육에 대한 관심

1. 창의성 교육에 관심을 갖는 이유

26 창의성 교육에 관심을 갖는 이유는 무엇인가

첫째, 정신건강이라는 측면의 이유이다. 정신건강과 창의성 간에는 상당한 관계가 있다. 창의성을 억누르면 삶에서 만족을 얻게 되는 근거가 잘려 나가게 되어 궁극적으로 긴장과 장애를 일으킨다. 창의성은 일상에서 쌓인 스트레스에 대처하는 매우 귀중한 자원이기도 하다. 스트레스를 받아 생기는 정신장애와 정신분열증은 상상력이 가장 떨어지고 창의성도 전혀 없다. 정신장애는 창의성이 없어서 생겨나고 있고 정신분열증은 일상생활에서 스트레스에 대처하기 위한 중요한 자원이 결핍되어 있기 때문에 생겨난다고 한다. 이러한 점을 고려한다면 창의성은 정신건강을 회복하려고 노력하는 데 필수적인 자원이라고 하겠다.

둘째, 역할 수행 측면의 이유다. 만일 창의성에 들어 있는 능력들이 개발되지 않거나 마비되어 있다면 정신적 존재인 인간이 철저하게 그 역할을 다한다고 할 수 없다. 창의성에 들어 있는 능력들이란 문제를 이해하고, 가능한 해결을 생각해 내며, 그것들을 검토하는 것과 관련되어 있다. 만일 그러한 기능이 손상되었다면 삶의 문제들에 대처하는 인간의 능력은 정말로 한계에 부딪히게 된다.

셋째, 학업성적 측면의 이유다. 창의성은 지능 못지않게 학업에 영향을 미친다. 인지와 기억 그리고 수렴적인 사고를 요구하는 과제로 가득 채워져 있는 지능 검사는 학교 성적을 잘 예언해 주고 있다. 최근의 연구에서는 전통적인 교과와 기술들이 주로 기억이나 수렴적인 사고를 통해 획득될 수 있음은 사실이지만 창의적인 능력 또한 전통적인 교과와 기술을 습득하는 데 매우 중요하다는 사실을 알려 주고 있다.

넷째, 직업에서의 성공이라는 측면의 이유를 들 수 있다. 각 분야에서 뛰어난 사람들은 지능지수가 높고 특별한 재능과 전문적인 기술을 가지고 있는 것으로만 여겼다. 오늘날 우리는 높은 지능지수, 특별한 재능 그리고 전문적인 기술이 직업에서 성공을 위한 충분조건이 아니라는 데 의견을 같이 하고 있다. 오히려 과학적인 발견과 발명 그리고 예술에서 중요한 것이 창의성임에 의견을 같이 하고 있다.

다섯째, 사회성이라는 측면의 이유다. 인류 문명의 미래는 다음

세대의 창의적인 상상력의 질에 달려 있다는 생각은 결코 잘못된 것이 아니다. 민주주의 사회에서 문제를 해결하는 데 지적이고 창의적인 방법을 사용하지 못할 경우 시민들 사이에 충돌이 생긴다. 어떤 결론을 이끌어 내기 위하여 다른 사람과 함께 유사한 경험에 관여하고 자신을 위해서 어떤 생각을 하고 있는지에 관심을 가져야 한다.

idea bank

2. 창의성 교육을 위한 모두의 역할

27 학교는 아이들의 창의성을 위해 무엇을 해야 하나

학교는 아이들의 창의성이 계속 유지되고 개발되는 데 도움을 주기 위하여 그 역할을 다해야 한다. 하지만 현실은 어떤가. 학교는 아이들의 타고난 창의성을 위해 무슨 일을 해야 하는가.

첫째, 학교는 창의적인 아이들에게 은신처를 제공하는 역할을 해야 한다. 창의성이 높은 아이들은 인간관계가 원만하지 못하다.

그들의 다소 엉뚱하고 독창적인 대답은 기존의 평가 방식에도 어울리지 않아서 교사들은 당황하게 만든다. 친구들 또한 똑같은 어려움에 처하게 되는 경우가 잦다. 창의적인 아이의 별난 질문과 대답을 '광적이거나' 또는 '어리석다'고 무시해 버린다. 학교는 이들을 격려할 필요가 있다. 교사는 창의적인 아이가 쉽게 소외당할 수 있으며 따라서 이들이 안정할 수 있는 관계를 창출해야 한다는 사실을 깨달아야 한다.

둘째, 학교는 창의적인 아이들을 위한 후원자 또는 격려자가 되어야 한다. 독립심과 창의성이 생겨나고 지속되는 곳에는 거의 언제나 후원자 또는 장려하는 사람이 있다. 이러한 역할은 동료 집단 가운데 한 사람이 아니라 권력과 힘을 가지고 있는 사람이 맡고 있어야 한다. 그는 여러 가지 일을 하는데, 특히 자신의 생각을 표현하고 검토하며 혼자서 여러 가지 일을 생각해 내는 창의적인 사람을 격려하고 지지해 주어야 한다. 이렇게 보호받는 가운데 개방성을 유지하면서 독창성을 불러일으킬 수 있는 상황을 간직할 수 있게 된다.

셋째, 학교는 창의적인 아이들의 의견이 다른 사람의 그것과 차이가 있음을 이해하도록 도와주는 역할을 해야 한다. 고도의 감수성과 확산적인 사고는 창의적인 성격에 필수적이다. 종종 창의적인 아이들은 다른 사람과의 관계에서 자신의 행동에 난처함과 절망감을 느끼게 되는데, 이때 그가 좌절되지 않도록 도와주어야 한다.

넷째, 학교는 창의적인 아이들이 자기 자신의 생각을 다른 사람에게 제대로 전달될 수 있도록 도와주는 역할을 해야 한다. 창의성이 높은 아이들은 대개 자기의 생각을 거침없이 말할 경우에 그들의 생각이 다른 사람에게 제대로 전달되지 못하게 하는 일이 생겨나고 있다. 심지어 그들의 생각은 학급 학생과 교사의 생각보다 훨씬 앞서기 때문에 그들은 그것을 전달하려는 희망을 포기해 버리고 만다.

다섯째, 학교는 부모나 주변 사람들이 창의적인 아이들을 좀 더 잘 이해할 수 있도록 도와주는 역할을 해야 한다. 창의적인 아이들의 학습 거부, 비행 또는 반사회적인 행동 등은 부모나 주변 사람들로부터 이해받지 못한 결과인 경우가 많다.

idea bank

28 부모와 교사는 아이들의 창의성을 위해 무엇을 어떻게 해야 하나

부모와 교사는 아이들의 일상적인 생각과 질문들에 관심을 가져야 하며, 아이 자신의 창의성을 희생시키지 않으면서 덜 상처받도록 도와주는 것이 매우 중요하다. 부모와 교사는 스스로 창의적인 아이의 생각을 우습다거나 비웃는 행동과 표현은 하지 않도록 노력해야 한다. 많은 부모들은 너무 일찍 아이의 머릿속에서 상상력을 없애려고 한다. 창의성 계발에 관심이 있는 부모라면 이러한 상상이 아이의 건전한 창의적인 사고에 관여할 수 있을 때까지 그 생명이 유지될 수 있게 그냥 두어야 할 것이다. 우리는 창의적인 아이들의 끊임없는 호기심에 불안을 느끼는 부모와 교사를 쉽게 만날 수 있다. 그들의 쉽게 포기하지 않는 엉뚱한 행동은 부모와 교사를 불편하게 만들 수 있다. 부모는 창의적인 아이가 직접 관찰하려는 열정을 이해하지 못하고 계속되는 질문은 매우 귀찮은 것으로 여긴다. 부모는 창의적인 아이의 그러한 호기심이 매우 가치있고 그것은 다른 어떤 것으로도 대신할 수 없다는 사실을 이해해야 한다. 부모는 아이가 질문하는 법, 대답을 위해 훌륭하게 생각하는 법 등을 배우도록 도와주고 격려해야 한다.

우리의 교육은 오로지 승리 또는 성공만을 원한다. 좌절이나 실패를 용납하지 않는다. 부모들은 아이가 혼자서 배우는 것, 심지어 혼자 숙제하는 것조차 허용하려 하지 않는다. 부모는 아이가 실패하지 않도록 길들인다. 이러한 보호 속에서 자란 아이는 어려운 상황에 직면할 경우에 그것을 해결하지 못하고 만다. 아이들은 시행착오를 거치면서 배운다. 그는 시도와 실패를 거듭하며 성장한다. 그는 스스로의 노력으로 성공을 발견한다. 독립심은 창의성의 필수적인 특성이다.

idea bank

3. 창의성 교육의 가능성

29 창의성은 신의 영역이다

창의성은 우리가 물려받은 유전적인 것이며 신이 부여한 능력이다. 창의성이 유전적인 것이라는 주장에 따르면 인간이라는 존재 그 자체에 이미 창의성의 개념이 포함되어 있다. 인간에게는 존재의 수동성과 우연성을 극복하려고 하는 기본적인 욕구가 있는데,

이것이 바로 창의성이다. 창의성은 인간의 기본적인 욕구다. 인간이 인간으로 된다는 것은 성장하는 것이며 또한 자신의 본질적인 속성, 즉 잠재 가능성을 실현하는 것인데, 이러한 자기실현의 과정이 곧 창의성 실현의 과정이다.

다음은 창의성을 신이 부여한 능력이라는 견해를 보자. 신적인 영감(divine inspiration)을 강조하는 이 주장은 플라톤(Platon)에서 찾을 수 있다. 이 땅의 모든 문화는 온 성스러운 행위자에 의해 창조되었다 한다. 신은 성령, 문화의 영웅 또는 영감의 형태로 나타날 수 있으며 특별하게 선택된 사람들을 통해 작용하기도 하는 오로지 신 자신만이 독창적인 창조를 할 수 있다. 따라서 창의성은 교육될 수 없다. 창의성에 관한 초자연적인 설명은 창의적인 과정을 영원히 교육의 영역 밖에 밀어 두고 있다.

30 창의성은 신경과민에서 나온다

신경과민 이론에서는 창의성을 병적인 경향성으로 본다. 모든 문화적인 형태는 신경증적인 억압을 희열로 대체했다는 프로이트(Freud)적인 견해와 천재는 병자라는 롬브로조(Lombroso)의 설명이 여기에 해당한다. 롬브로조에 따르면 정신병리학적인 바탕 위에서만이 창의적인 행동의 비합리적이고 무의식적인 특성이 설명된다는 것이다. 그들은 아름다운 운율에 과도하게 흥분하거나 이상하게 지껄일 수 있는 사람이다. 프로이트와 롬브로조는 창의적인 사람은 미친 사람이라고 믿고 있는 것이 분명하다. 신경과민 이론은 비이성적인 힘들이 창의적인 과정에서 어떻게 작용하고, 또한 인간으로서 그렇게 할 수 있는지 설명하려고 노력한다. 확실히 어떤 사람이 그렇게 이상한 힘들을 품고 있다면 그는 매우 특별하고 독특한 사람임에 틀림없다. 그의 창의적인 활동들은 이성적으로 설명할 수 없으며 그래서 독특하고 예측할 수 없는 것이다. 그런데 불행하게도 미친 사람의 행위가 이러한 요건들에 꼭 들어맞는다. 그의 행동은 이상할 정도로 자율적이며 그가 전달할 수 있는 것은 이성적이지 못하다. 그리고 이러한 이유 때문에 그의 행동은 교육적으로 좋은 영향을 줄 수 없게 한다.

idea bank

31 창의성은 천재들의 직관적 능력이다

창의성은 신성한 영감이나 신경과민의 경향성이 아니라 소수 천재들의 능력, 즉 직관적인 능력이다. 천재들의 천부적인 직관 능력은 세계와 세계의 관계에 관한 즉각적이고 반이성적인 지식을 낳았고, 이러한 직접적이고 직관적인 지식은 천재를 규칙과 훈련으로부터의 해방, 즉 교육받아야 할 필요성으로부터 해방시켰다. 그리하여 한편으로는 천재는 훈련할 수 없고, 다른 한편으로는 천재의 섬광이 나타나지 않는다면 아무리 온 힘을 다 기울여 학습한다고 해도 어떤 새로움도 만들어 낼 수 없다.

천재에 관한 칸트(I. Kant)의 분석에 따르면 첫째, 천재에게서 나타나는 창의적인 능력은 인간에게 자연적인 과정이며, 초자연적인 근원과 아무런 관계가 없다. 둘째, 천재는 규칙을 예술에 적용하지만 그것은 '배워질 수 있는 똑똑함이라는 형태에서 생겨나지 않는' 매우 특별한 규칙이다. 천재는 예술을 만들고 어떤 규칙에 따라서 그렇게 하지만 그 규칙에 관한 지식은 반드시 알려지거나 예측할 수 있는 것이 아니다. 천재는 스스로 자기 자신 안에 새로움을 만들기 위해 모여 있는 모든 능력을 알지 못한다. 그는 이러한 생산적인 능력을 조절할 수 없다. 따라서 천재는 가르칠 수 없다.

idea bank

32 창의성이 교육에 말하다

창의성이 교육에 시사하는 점은 매우 커서 그에 대한 연구는 여전히 활발하게 이루어지고 있다. 초기에는 커리큘럼과 교수방법의 영향을 검토하는 데 중점을 두었지만 러그(Rugg)와 토랜스(Torrance)는 진일보한 연구 결과를 내놓고 있다. 러그는 매슬로우(Maslow)의 이론을 수용하면서 심리적으로 건강하고 자아를 실현하는 사람은 창의성이 필요하고 그들의 창의성은 그들이 하는 모든 일에 영향을 준다고 하였다. 간단하게 말하면 그는 창의성 교육의 필요성을 역설하면서 사고 작용을 재검도할 것을 촉구하였고, 기본적인 개념 습득, 주의 집중과 직관의 중시, 언어적인 프로그램에 협력하는 비언어적인 프로그램, 기계적이고 유기체적인 행동의 설명을 피하고, 청소년에게 동기를 부여할 수 있는 철학의 제시를 강조하였다.

창의성은 가르쳐질 수 있다. 창조 과정은 인격으로서 자신을 개발하는 과정이기 때문에 창의성은 가르쳐질 수 있다. 그것은 습관과 관례 그리고 억압의 사슬을 풀어버리는 과정이며, 인간의 환경을 형성하는 과정이고 스스로를 다른 사람들과 생산적으로 관계 짓는 과정이다. 그것은 스스로를 구현하는 과정이며 자신의 존재를 규정하는 과정이다. 이것이 창의성의 중요 문제이며 또한 교육의 중요 문제이기도 하다.

33 창의성은 무조건 선인가

역학적 미래는 객관성, 예측 가능성을 특징으로 하며, 일식이나 월식과 같은 확실한 미래이다. 이에 비해서 베르그송(Bergson)의 미래는 예측하기 어려운 미래이며, 예측 불가능성과 의외성 그리고 해프닝 등을 특징으로 한다. 즉, 미래에는 무슨 일이 일어날지 아무도 모른다. 그런 것이 미래다. 그런데 현대는 예측 불가능을 가능하게 하는 선견지명, 즉 예측 가능한 창의성의 시대다. 창의성이 선(善)인 시대다. 창의적이지 못한 것이 '잘못'이라고 하는 가치관이 팽배한 것도 사실이다. 그러나 최근에 유행하고 있는 씽크 탱크(think tank)와 같은 창의적인 인간만을 구성 요소로 한 조직은 도대체 가능한가? 본래 창의적인 인간이란 무엇을 할지 예측하기 어려운 사람인데 이 점을 감안한다면 그러한 사람들의 집단으로서 소위 창의적인 두뇌 집단은 어떤 방향으로 움직일지 예측하기 어려운 집단이라고도 생각할 수 있다. 그러한 집단에 수천억, 수조 원을 투입하려고 하는 것이 씽크 탱크이며 오늘날 이것은 일종의 붐을 이루고 있는데, 이러한 사태는 매우 심각하다고 하지 않을 수 없다. 또한 창의적인 두뇌를 관리하려고 하는 인간이 과연 존재할 수 있는가?

창의성은 사후적인 것이다. 소위 두뇌 집단의 조직인 경우는 톱니바퀴와 같은 임금 노동자를 중심으로 한 조직과는 달라서 그 미래를 예측하기란 불가능하다. 창의적인 두뇌 집단의 관리자란 소위 임기 말의 전문가이며, 두뇌 집단이 어떤 이익을 장기적으로 가져올지에 관해서는 예측할 수 없는 것이 현실이다. 한편 '창의성=선'이라는 도식에 따라서 사회 전체가 의외성, 예측 불가능성을 특징으로 하는 변화를 개시한 것이 현대라고도 할 수 있다. 현대는 소위 예측 불가능성, 의외성의 바다를 항해하는 선박과 같은 것이어서 그 행방에 어떤 위험이 기다리고 있고 어떻게 받아들여야 할지 알 수 없다. 그렇다고 그것이 우리가 미래에 관한 연구를 게을리 하고 있는 이유로 끌어들여서는 안 될 것이다. 의외성과 예측 불가능성을 특징으로 하는 현대에는 불가피한 것이다. 게다가 창의성을 선이라고 하는 현대사회의 그리고 현대문명의 문제점 중 하나는 과학이라든지 예술이라든지 지적 자원을 급속하게 잠식당하고 있다는 것이다.

현대는 탈기업, 탈경제, 탈기술, 탈과학의 시대라고 불리고 있으며, 인류가 유한하다고 생각되는 과학적인 자원을 보다 더 천천히 즐길 필요가 있을지 모르는 시대이다. 그러할 경우에 어떤 종류의 과학적인 창의성은 억제할 필요가 있는 것인지도 모른다. 이제 창의성을 무조건 선으로 여기는 도식은 재검토되어야 한다.

idea bank

34 지식기반사회와 창의성

지식기반사회란 지식을 이용해 상품과 서비스의 부가가치를 크게 향상시키거나 고부가가치의 지식서비스를 제공하는 산업, 즉 컴퓨터와 인터넷을 기반으로 하는 4차 산업이 우리의 삶을 구축하는 사회를 말한다. 지식기반사회는 다양한 지식의 정의를 쏟아냈다. 지식은 정보 중에서 이용자의 목적에 맞을 뿐 아니라 유용하고 부가가치를 창출할 수 있는 것일 때의 지식이라고 할 수 있다. 따라서 지식은 정보가 축적되어 체계화되고, 한층 더 농축된 상태, 즉 정보가 가공, 재구성되어 행동으로 옮겨지고, 가치창출로 이어질 때를 의미한다. 지식은 일하는 방법을 개선하고 개발하며 혁신하여 부가가치를 높이는 것이며, 지식은 당면한 문제와 연관되고, 즉시 활용될 수 있는 정보로 경험에 준거한 것이다. 지식이란 가치 있는 정보, 새로운 아이디어(new idea), 당면한 문제를 해결할 수 있는 정보, 부가가치(added value)를 창출해 낼 수 정보, 블루오션(blue ocean)으로 갈 수 있게 하는 가치 있는 정보, 문제 해결에 직접 활용되는 정보, 정보를 문제 해결에 활용하는 능력, 즉 창의성을 말한다.

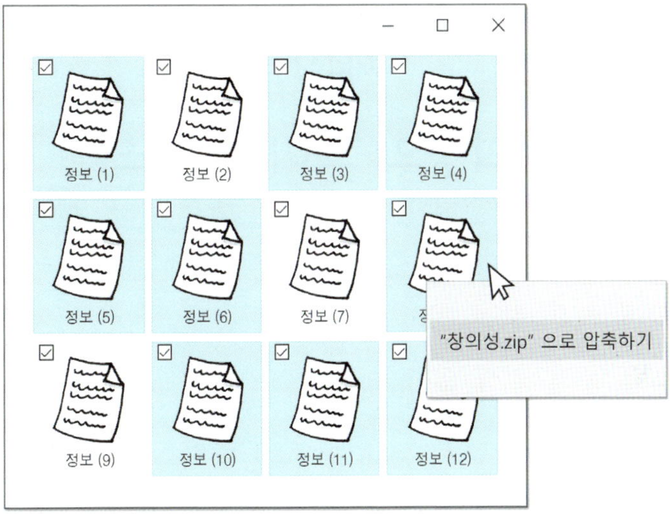

idea bank

제4장

창의성의 의미와 구조

1. 창의성의 의미

35 창의성이란 무엇인가

창의성의 의미는 다음과 같이 아주 간명하게 요약 가능하다. 간단한 창의성의 정의가 창의성 지도에 더 많은 도움이 될 때도 있다. 정의가 복잡하면 해결책 또한 쉽지 않다. 창의성은 ① 인간 모두가 가지고 있는 보편적 능력인 'power of an original idea' ② 창의성은 지적인 요소(IQ)와 정의적 요소(EQ)의 결합체 ③ 정보를 생산, 가공, 변형, 재구성하는 능력 ④ 상황을 전혀 새로운 방식으로 바라보는 능력 ⑤ 어떤 문제를 발견하고 해결책을 떠올려(우뇌) → 현실로 옮기기(좌뇌), 즉 좌·우뇌의 합작품 ⑥ 새로운 일에 자신

있게 도전하는 배짱과 열정 같은 내적동기 ⑦ 분석지능∩맥락지능∩경험지능의 교집합 ⑧ 새롭고 유용한 것을 생성해내는 능력, 남이 생각하지 못하는 것을 생각해내는 힘 ⑨ 지식과 정보의 바다에서 살아남으려는 '혁명적 사고' ⑩ 내적 동기 ⑪타인에게 매몰되어 가는 무미건조한 삶에 '새로움'의 신선함을 불어넣어 주는 생존의 도구 등이다. 그리고 창의성에는 다음과 같은 다른 것도 있다. ① 기존의 틀을 깨뜨리는 능력 ② 새로운 방식으로 문제를 보고 재구성(restructuring)하는 능력 ③ 또 하나는 문제로부터 잠시 떨어져 시간을 갖는 것이다. 즉, 부화(incubation)할 시간을 갖는 것으로, 부화란 어떤 문제를 해결하는 일종의 무의시적 작업이다. 문제로부터 잠시 벗어남으로써 경직된 사고방식이 중단되고 그 문제에 대한 시각이 재구조화될 수 있다. ④ 동기와 인내심 ⑤ '난 할 수 있다'는 긍정적인 생각과 밥 먹 듯 돌진하는 모험심, 리스크를 무릅쓰는 정신 ⑥ 열정과 경청 능력 ⑦ 확산적 사고(=다양한 생각이나 답변을 많이 제시하는 능력≠수렴적 사고=한 가지 답을 찾아내는 보다 일반적인 능력)

조벽 교수 역시 그의 저서 「인재혁명」에서 창의성의 개념을 일목요연하게 잘 정리하고 있다. 창의성은 천성적 요소 50%와 훈련과 양육으로 만들어진 교육적 요소 50%로 구성된다. 창의성은 지식과 사고력과 같은 인지적 요소(IQ = 똑똑함)와 집중력, 자신감, 모험심, 여유 등과 같은 정의적 요소(EQ = 현명함)의 결합으로 나타난다.

idea bank

2. 창의성의 구조

36 창의성은 능력이다

우리는 창의성을 '어떤 목적을 달성하거나, 문제를 해결하는 데 적합한 아이디어를 내거나 또는 사회적이고 문화적으로 새롭고 보람 있는 것을 만들어 내는 능력'으로 정의하였다. 즉, 창의성은 일종의 능력이다. 창의성이 과연 어떤 능력인지 살펴보자.

인간의 능력을 독창적으로 연구했던 갈톤(F. Galton, 1822~1911)은 「유전적인 천재」(Hereditary Genius: an Inqurity into its Laws and Consequences, 1869)에서 천재는 유전적임을 강조하였다. 갈톤 이후 천재의 창의성에 관한 연구가 많이 이루어졌고 결과적으로 '천재는 적응하지 못한 사람으로 사회적인 적응성을 희생하고 그 대신에 창조적으로 활동하는 사람'이며, 천재는 인류의 문화 발전에 공헌하는 것을 그 조건으로 하여 '진정한 창의성은 사회적인 적응과 부적인 상관관계가 있다'는 사실을 공인하게 만들었다. 또한 갈톤에 따르면 천재는 두 개의 관념을 결합시키는 강한 능력을 가지고 있어서, 이것에 의해 새로운 것을 창출하며, 창조에는 새로움과 비약이 필요한데, 새로움과 비약의 정도는 천재의 독특한 개성에서 생겨나는 경우가 많다. 그 밖에 갈톤은 인간의 능력을 연구하였고 인간의 능력 가운데서 심상, 연상 그리고 개인차에 관한 연구와 검사의 선구자로서 여러 가지 능력을 측정하는 방법을 고안해 냈다. 특히 통계학을 사용했던 그의 연구는 그 이후의 심리학적인 연구에 많은 영향을 주었다.

37 창의성은 지능이다

지능이나 지능 검사 개발 가운데에서 창의성 검사도 개발되었다는 점을 감안해 보면 스피어맨(C. E. Spearman)의 일반 요인, 즉 지적인 활동에서 공통적인 것과 특수 요인, 즉 서로 그다지 상관이 없는 별개의 요인으로 이루어졌다는 지능에 관한 주장도 결코 간과될 수는 없다. 여기에서 특수 요인이란 언어적인 능력, 수리적인 능력, 주의 집중력, 상상력이다. 일반 지능 가운데 포함되는 비교적 중요한 요인과 중요하지 않은 요인 분석법에 의해 처리한 사람이 써스톤(L. L. Thurston)이다. 그는 지능의 구성 요인을 요인 분석에 의해 여덟 가지 요인, 즉 언어 요인, 언어의 유창성 요인, 공간적인 요인, 수리적인 요인, 기억 요인, 추리적인 요인, 연역적인 요인, 지각 속도 요인으로 추출하였다. 언어 요인(V)은 단어를 읽고 쓰는 것으로서 구체적인 사물과의 관계에 있어서 언어를 다루는 능력이다. 언어의 유창성 요인(W)은 단어를 신속하고 자유롭게 다루는 능력이다. 공간적인 요인(S)은 사고 대상을 삼차원으로 구성하는 능력으로 다시 말하면 머릿속에서 입체적으로 생각하는 능력이다. 수리적인 요인(N)은 단순한 수의 계산과 같이 숫자를 다루는 능력이다. 기억 요인(M)은 지각한 것을 정확하게 보존하고 필요에 따라서 재생하는 능력이다. 추리적인 요인(IR)은 사물의 인과 관계를 추리에 의해 명확하게 하는 능력이다. 연역적인 요인(D)은 연역적으로 사물을 판단하고 사고를 전개하는 능력이다. 지각 속도 요인(P)은 외계의 사물을 신속하고 정확하게 지각하는 능력이다. 이와 같이 지능은 대표적인 여덟 가지 능력들이 서로 관계하고 있는 것이다. 이들 각 능력을 발휘하게 하는 곳의 작용, 즉 지능의 핵심적인 기능은 지각 기능, 기억 기능, 사고 기능, 상상 기능이다.

idea bank

38 창의성은 확산적 사고다

길포드(J. P. Guilford)는 내용, 조작, 산물이라는 세 가지 차원으로부터 이루어진 지능의 구조 모형을 만들어 내어 150가지의 지능의 구성 요인으로 나누었다. 이 가운데 창의적인 사고와 밀접한 관계를 맺고 있는 것으로 확산적인 사고를 제시하고 있다. 그의 지능 모형은 비록 불완전하기는 하지만 창의성의 주요 내용인 확산적인 사고의 중요성은 지적하고 있는데 이러한 그의 지적은 창의성 연구에 커다란 영향을 주었다. 길포드는 요인 분석, 즉 검사 간의 상관의 원인이 되고 있는 요인을 검출하는 통계적인 방법을 이용하여 인간 지성의 모든 측면을 본질적으로 탐구하려고 하였다. 그는 지적인 요인은 사고와 기억이라는 두 개의 범주에 귀속하는 것이고, 이 둘 가운데 지적인 요인의 대부분은 사고임을 나타내고 있다. 이 사고는 인식(발견의 의미에 있어서), 생산, 평가의 세 요인으로 이루어졌고, 이 가운데에서 생산 요인은 더 나아가서 수렴적인 사고 능력과 확산적인 사고 능력으로 세분화하고 있다. 수렴적인 사고는 문제에 대한 단 하나의 적절한 답을 내는 것으로, 예를 들면 다음과 같은 문제, 즉 '긴 것에 대한 짧은 것이 있다. 그렇다면 높은 것에 대해서는 무엇이 있겠는가'에서 즉시 대답할 수 있는지를 묻고 있다. 이것에 대해서 확산적인 사고는 문제에 대해서 가능하면 많은 답을 내도록 요구하고 있는 것으로, 예를 들면 다음과 같은 문제, 즉 '당신은 벽돌을 이용하여 만든 길을 얼마만큼 많이 생각해 낼 수 있는가'이다. 길포드에 따르면 이러한 확산적인 사고가 창의적인 사고에서 중요한 요인이며 확산적인 사고에 나타나는 여러 가지 내용에 의해 여러 수준의 창의적인 사고 능력을 측정하는 데 이용할 수 있다. 특히 그는 창의적인 재능은 독창성, 유창성, 융통성 요인 이외에 재정의하거나 정교성을 평가하는 검사에 의해 측정할 수 있다고 확신하고 있다. 이러한 그의 지적 특성을 고려해 보면 가능한 답의 수를 제한하지 않는 검사가 유용한 것으로 여겨지고 있다.

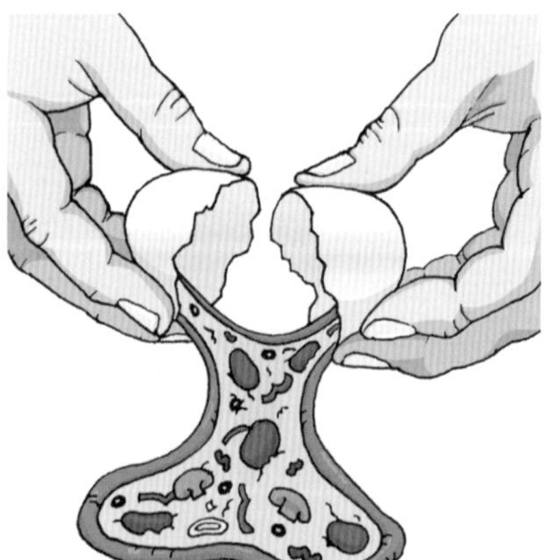

idea bank

39 창의성은 유추다

우리는 창의성을 창의적인 사고로 간주한다. 그것은 직관적인 사고와 논리적인 사고(분석적인 사고)가 통합된 것이다. 또한 창의적인 사고와 밀접한 관계가 있는 것으로 유추를 들 수 있다. 유추란 유사하지만 형태가 상이한 사상이나 사실을 비교하는 것으로 잘 알지 못하는 것을 파악하기 위해서 잘 알고 있는 것이나 그것과 유사한 것을 가지고 비교하고 대조해 보는 것이다. 예를 들면, 원자 모형은 태양계에 그 바탕을 두고 있다는 것이다. 고든(W. J. J. Gordon)에 의해 개발된 창의성 계발 기법 가운데 씨네틱스(synectics)는 이러한 유추적인 방식을 잘 활용하고 있다. 유추가 과학에서 창의적인 사고에 효과적이라는 사실은 오펜하이머(F. Oppenheimer, 1864~1943)도 주장하고 있다. 그에 따르면 유추에는 원리 발견이라는 측면과 조건 설정을 통합한다고 하는 적극적인 측면이 있는데 그것을 적극적으로 활용해야 한다. 그렇지만 유추가 창의성 계발에 효과적임을 강조하기에 앞서서 유추의 결함이라고 할 수 있는 모방적인 사고에 빠지지 않도록 주의해야 할 것이다.

idea bank

40 창의성은 상상에서 시작된다

창조는 상상에서 시작된다. 상상의 내용에 따라서 창의적인 성과가 규제되는데 그것은 마치 토양과 같다고 하겠다. 토양에 따라 농작물의 수확량이 달라지듯이 상상력에 따라 창의성의 산물이 달라지므로 상상력은 창의성의 토양이라고 할 수 있다. 이런 연유로 지금까지의 창의성 계발 기법은 거의 대부분 상상력 훈련에 초점이 맞추어져 있었다. 창의성을 계발하기 위해서 풍부한 상상력을 육성하는 데 힘쓰면서 더불어 개인의 자유로운 상상을 방해하는 것을 적극적으로 제거하는 노력도 게을리 해서는 안 된다.

우리는 일상생활에서 '아이디어를 낸다'라는 말을 자주 사용하고 있는데, 여기에서 아이디어라는 말은 플라톤의 이데아에서 시작되었다고 할 수 있다. 플라톤에 따르면 인간은 육체와 영혼이 결합되어 있으며, 그 가운데 영혼의 작용이 곧 인간의 정신 작용이었으며 이데아는 경험에 선행하여 존재하는 순수한 관념이었다. 그러나 근대에 이르러 이러한 이데아의 개념은 사물 인식에서 그 인식의 내용을 뜻하게 되었고 오늘날에 이르러서는 아이디어를 낸다고 말하고 있다.

idea bank

41 철학자와 상상력

아리스토텔레스(Aristoteles, 기원전 384~322)는 유사, 반대, 접근의 법칙을 포함하는 연상의 법칙을 제시하면서 상상력을 감각적인 형식의 심리적인 활동으로 생각하였는데 이것은 17세기 영국의 연상 심리학의 바탕을 이루게 되었다. 아우구스티누스(A. Augustinus, 354~430)에 따르면 상상력은 수동적인 심상의 용기가 아니고 기억 심상의 결합과 마찬가지로 재료를 다루는 작용이다. 이러한 그의 상상력에 관한 인식은 창조가 심상의 새로운 결합임을 시사하고 있다.

베이컨(F. Bacon, 1561~1626)은 이탈리아의 카르다누스(Cardanus, 1501~1576)의 심적 기능인 기억과 상상력 그리고 이성이라는 분류법을 계승하면서 학문을 인간이 지닌 세 가지 근본 능력인 기억과 상상력 그리고 이성에 따라서 역사와 문학(시) 그리고 철학으로 나누고 있다. 이러한 학문의 분류는 상상력이 오랫동안 문학에서 강조되어 왔던 것과도 밀접한 관계가 있다고 하겠다. 또한 그는 상상력은 '물질의 법칙에 구속되지 않고 자유롭게 자연이 분리한 것을 결합하고, 결합한 것을 분리하는 능력이다'라고 말하면서 상상력의 중요성을 언급하고 있다.

칸트는 상상력과 같은 의미로 심상력(einbildungskraft)이라고 하는 개념을 사용하고 있다. 심상력은 '대상이 앞에 없어도 직관을 형성할 수 있는 능력'으로 감성과 오성을 결합하는 기능을 가지고 있다. 즉 심상력은 심상을 만들어 내는 능력이고, 주관적인 능력과 객관적인 능력, 지적인 것과 감정적인 것이 결합한 것이다. 이 심상력의 개념에 사고의 특징이 포함되어 있다. 심상력에는 재생적인 심상력과 생산적인 심상력이 있는데, 전자는 연상에 의해 이미지를 되찾는 능력이고, 후자는 다양한 직관을 하나의 형상으로 만들어 내는 능력이다. 칸트의 생산적인 심상력이 오늘날 우리가 사용하고 있는 창의적인 상상에 해당되는데 직관과 상상과의 관계에서 직관을 보다 기초적인 심적인 기능으로 인정하고 있다.

특히 최근에 여러 가지 창의성 계발 기법이 제안되고 있는데, 이것들은 주로 상상력을 훈련하여 많은 아이디어라든지 심상을 만들어 내게 하고 있다. 대표적인 것으로 우리는 오스본(A. F. Osborn)의 브레인스토밍을 들 수 있다. 이 방법의 특징은 집단 연상의 연쇄 반응과 상상력을 이용하여 많은 아이디어의 산출을 멈추게 하고, 자신과 다른 사람의 아이디어를 여러 가지로 조합하여 더 나은 아이디어를 나오게 하고 있다. 산출해 낸 아이디어가 좋다 또는 나쁘다고 비판하지 않아 머리의 회전을 좋게 하면서 아이디어 산출을 멈추지 않게 하고 있다. 그러나 그것만으로는 아이디어로서 불명확하므로 논리적인 사고에 의해서 구체화, 현실화, 합리화할 필요가 있다. 그렇게 해서 창의적인 아이디어로 발전되는 것이다.

idea bank

42 창의성은 상상이다

상상이란 무엇인가? 상상이란 심상을 머리에 떠올리는 것으로 기억을 소재로 하여 새로운 대상을 내적인 필요에 비추어 구성하는 것으로 기억을 해체하고 재구성하는 과정이다. 즉, 상상은 종합적으로 완성되어 있는 기억을 그 시간적이고 공간적 또는 질적이고 양적인 틀에서 해체되는 과정과 기억된 각각의 요소가 개인의 내적인 필요에 따라서 적절한 것으로 재구성되는 과정으로 이루어진다. 상상이 비록 기억을 소재로 하고는 있지만 그것은 근본적으로 잠자는 동안 꾸는 꿈처럼 무의식적이거나 몽유병과 같은 반의식적인 것이며 더 나아가서 거기에 의지가 작용하지 않기 때문에 뚜렷한 목적을 갖지 않는다. 기억과 상상은 명확하게 구분된다. 기억은 자기의 존재와는 독립해서 될 수 있으면 경험을 변화시키지 않은 채 보존하려고 하지만, 상상은 이것과는 반대로 기억을 자기의 감정이나 단순한 연합에 의해 자동적으로 변화시켜 버린다. 다시 말하면 기억은 객관적인 존재를, 상상은 주관적인 존재를 특징으로 한다고 할 수 있다.

어제 있었던 일을 생각해 내어 일기를 쓰는 것은 단순한 기억을 재생하는 것이므로 상상이라고 할 수 없다. 그런데 어제 있었던 일 가운데에서 어떤 부분, 예를 들어 자동차를 타고 드라이브를 갔다고 하면 그 자동차에 탔던 것과 지금 신문에서 읽은 교통사고와 연결지어, 어제 자기가 탔던 자동차가 중앙선을 침범하여 마주 오던 자동차에 부딪혀 낭떠러지로 굴러 떨어지는 것을 마음속에서 생각한다면 그것은 분명히 상상이다. 또한 지금 카메라 가게에서 해상력이 뛰어난 값비싼 렌즈를 집어 들고 찬찬히 살펴보면서, 어릴 때 그림책에서 본 투명한 사슴의 눈을 마음속에 떠올리는 것도 상상이다. 그 밖에 소뿔을 단 인간의 얼굴, 하반신이 물고기의 모습을 한 여자, 하늘을 날 수 있는 날개를 단 소년 등은 동화책에 자주 나오는 상상의 산물이다.

이렇게 전개되는 상상은 기억을 해체하고 재구성하는 가운데에서 아무런 윤리적 또는 논리적인 제약을 받지 않는다. 따라서 상상의 소산으로서 심상은 상상했던 시점의 현실과는 이질적이며, 거기에 비현실적인 세계를 창조해 내는 적이다. 이러한 비현실적인 세계는 상상하는 당사자가 아닌 다른 사람이 보면 매우 기묘하고 엉뚱한 것이지만 당사자, 즉 상상하는 주체에게는 전혀 기묘하지도 놀랍지도 부자연스럽지도 않은 것이다. 이러한 상상 주체의 정황을 사르트르는 자신의 상상 체험으로부터 다음과 같이 말하고 있다. '지각은 나를 속였을지도 모르지만 상상은 나를 속이지 않는다.' 왜냐하면 상상을 통한 심상을 구성하는 개개의 요소가 모두 상상하는 주체의 선행 경험에 의해 지각된 것이며, 그 각 요소의 선택과 결합이 주체의 무의식 및 잠재의식의 힘, 특히 내면화된 과제나 욕구에 의해 지배되기 때문이다. 따라서 상상하는 주체가 현실생활에서 매우 억압된 상태라고 한다면 당연히 현실 도피적인 상상을 하게 된다. 로르샤흐 테스트나 TAT(Thematic Apperception Test, 표현 내용이 애매한 그림을 보여주고 피험자에게 자유로운 이야기를 구술하게 하여 그것을 분석하여 창의성을 진단하는 검사)와 같은 투사적인 성격 검사는 이러한 상상의 내용에 주목하여 이것을 분석하고 해석함으로써 인간의 내면에 작용하고 있는 역동적인 여러 가지 심상을 다루고 있다. 이것의 이론적인 근거는 상상에 있어서 모든 심적인 활동이 반영되며, 상상을 통해서 실존은 자동적으로 정신의 근원적인 기능을 확보하게 되며, 실존은 환경에 적응하려고 작용하는 것이라고 하는 데 있다.

우리는 일상생활에서 과장하는 경우가 있는데, 이것은 자기에게 속하는 모든 것을 실제보다도 크고 중요하다고 여기기 때문이다.

이러한 과장은 지각하는 가운데에서가 아니라 기억해 내는 가운데에서 크기나 양이나 질을 확대하는 상상의 성향이다. 이와 반대로 자기에게 부당한 경우, 예를 들어 자기의 결함이나 상처받은 사건은 그것을 기억해 내려고 하지 않으며, 만일 기억해 내도 간과해 버리거나 경시해 버리려고 한다. 단순한 연상이나 공상 및 몽유병은 누구에게든지 나타날 수 있지만 망상이나 꾸며낸 이야기는 병리적인 성향을 띠며, 착각이나 환각, 더 나아가서는 편집증적인 망상은 극단적인 것으로 현실과 상상을 구별하지 못해 정신병으로까지 발전되어 가기도 한다.

그러나 정신적으로 건강한 사람은 상상을 하더라도 그것을 생산적이고 건설적인 방향으로 발전시킨다. 현실생활에서 강한 문제의식을 갖고 있는 사람은 특별히 그 문제를 해결해야 하는 과제로서 잠재적으로 의식되어 보존하게 된다. 이러한 해결 과제를 상상하는 것은 무의식적으로 그 과제를 해결하는 방향으로 나아가게 되며, 거기에서 직관, 예상, 구상이 생겨나게 된다. 창조의 과정에서 '번뜩임'은 실제로 상상의 가장 걸출한 형식이다.

43 아이들은 늘 상상한다

어른의 상상과는 달리 아이의 상상은 매우 독특하다. 어릴 때는 상상력이 왕성하지만 어른이 되면서, 즉 인식 능력이 발달함에 따라서 상상력은 쇠잔해지거나 후퇴된다. 아이의 상상은 대개 그의 정신 발달과 병행하는데 상상이 발달하는 과정에서 현저한 차이를 나타내는 두 시기가 있다. 첫 번째 시기는 4세부터 8세까지로 주술적인 공상의 시대이다. 이 시기에 아이는 자아의 존재를 체험하게 되고 동시에 대상으로서의 외부 세계에 접근하려고 한다. 그러나 아이는 외부 세계의 사실을 인식하고 그것을 포괄하기에는 너무도 경험이 부족하여 그 간극을 상상으로 메우게 된다. 따라서 이 시기 아이들의 세계는 대부분 상상에 의해 만들어진다고 해도 과언이 아니며 아이들이 좋아하는 놀이, 특히 역할 놀이는 아이에게 특유한 상상의 선물이다. 역할놀이에서는 자기 자신의 지위라든지 역할은 현실을 무시하여 임의로 구성한다. 부모의 역할을 하게 된 아이는 인형을 자기의 아이로 등장시켜 가슴에 안고 재우려고 흔들기도 하고 자장가를 부르기도 하며 우유를 먹이고 때에 따라서는 야단치기도 하고, 어떤 경우에는 모래로 밥을 짓기도 하고 잎으로 돈을 대신하기도 한다. 이것은 언뜻 보기엔 환각적인 행동처럼 보일지 모르나 실제로는 연상을 포함하여 상상하고 있는 것이다.

상상이 현저한 차이를 나타내는 두 번째 시기는 14세부터 17세의 소위 사춘기이다. 이 시기의 청소년은 아이의 세계에서 벗어나서 어른의 세계에 대한 새로운 전망을 가지게 되며 거기에서 생기는 기대와 불안 또는 원망 등을 포함한 전체적인 방향을 한 번에 해 버리려고 상상한다. 이 시기의 상상은 일종의 생활의 꿈이라고 할 수 있는데 청년기에 나타나는 문학적인 경향은 이러한 종류의 상상을 근원으로 하고 있다고 할 수 있다. 즉, 이 시기의 몽유병이라든지 환상이 그대로 소설이나 시, 그림과 같은 형식으로 표현되는 것이다. 이와 관련하여 프로이트는 몽유병과 문학 작품을 비교 연구하고 있다.

상상은 미래나 미지의 경험에 관계하고, 비현실적인 상상의 대상을 만들어 내고 그것을 발전시키는 특징을 갖는다. 상상은 개성적이며 과거 경험에 구속되지 않고 무한하게 전개되는 경향이 있다. 이렇게 볼 때 상상은 자유를 갖지만 한편으로는 쉽게 통제할 수 없는 것이기도 하다. 사고가 개인의 욕구와 감정의 표출하기 때문에 상상은 개성적이고 주관적이고 비합리적인 성향을 띠며 직관적이고 미분화된 전체로 파악하는 형태를 취한다. 그리하여 상상이 만들어 낸 심상들 사이에는 반드시 명확한 관계를 지을 수 없다. 상상에서는 경험에 있어서 기지와 미지, 특수와 일반이 정리되어 있지 않으며, 보다 더 구체적이고 풍부한 소재가 있지만 그것들이 정리되어 있지 못한 경우가 많아서 오히려 상상에서는 현실적인 실마리를 쉽게 파악할 수 없다.

상상은 창의성 계발에서 매우 중요하다. 상상이 사회적으로 효과가 있는 방식으로 키워지고 활용된다면 자기의 잠재적인 능력과 창의성이 충분히 발휘될 수 있다. 인간의 고통, 공포, 백일몽, 거짓말은 상상이 오용된 경우이다. 아이가 백일몽에 빠져서 현실적인 성취 대신에 상상에 의한 비현실적인 만족에 의해 보상되는 것을 진정한 의미의 적응에 실패하고 있는 것이다. 아이에게 단순히 공상하지 않도록 설득해도 그다지 효과는 없다. 그것보다도 상상을 현실적으로 성취할 수 있는 기회를 주고 성공에 이를 수 있도록 하는 것이 좋다.

idea bank

44 창의성은 직관이다

직관이란 '대상의 외부에서 그 대상을 파악하려고 하는 것이 아니고 직접 그 대상 안에 들어가 그 안에서 내부를 보는 것'이다. 다시 말하면 직관은 대상의 내부로 들어간다고 하는 과정이 있는데 이것은 대상과 하나가 되는 것으로 정신분석학에서는 흔히 동일시라고 한다. 자기 자신이 그 대상이 되어서 그 속에서 사물을 바라보는 것이다. 예를 들면, 매우 귀한 만년필을 발명하려고 하여 '만일 스스로 만년필이 된다면 어떤 기분이 들까?'라고 자문해 본다. 화학자가 운동하고 있는 분자가 되어서 분자에서 일어나는 것을 몸으로 느껴 보기도 한다. 이러한 일체화의 경험은 어른에게는 익숙하지 않아서 어려운 일이지만 아이들에게는 비교적 쉬운 일인 것 같다. 그러나 어른의 경우도 경험이 풍부하기 때문에 일체화가 되기만 하면 여러 가지 새로운 생각을 해낼 수 있다. 그래서 그것을 촉진하기 위해서 예를 들면 재떨이에 자기의 인격을 전환시켜서 재떨이의 문제를 찾아내려고 하는 방법을 취할 수 있다.

직관은 인지의 한 방법으로 이해할 수 있는데, 직관에 가까운 말들로는 '예측할 수 없는 감', '일반적인 감각 기관이 아닌 제육감', '다른 사람으로부터 생각이 제공되는 느낌을 갖는 영감', '계시', '해명', '자발적으로 깨달음', '문제 해결 과정에서의 통찰' 또는 '아하 체험'이 있다. 직관(intuition)은 대상을 직접 파악하는 것인데 여기에는 두 가지 견해가 있다. 하나는 사고만을 진짜 인식 능력이라고 간주하면서도 존재와 사고의 최고의 원리는 논증에 의해서가 아니고 직접 파악된다는 견해, 즉 직관을 광의의 사고 안에 집어넣는 입장과 다른 하나는 사고를 진정한 인식 능력으로 인정하지 않고 단지 직관에 의해서만 실재를 알 수 있다는 견해, 즉 인식에 관해서 사고보다도 직관에 우위를 인정하는 입장이다. 전형적인 후자의 입장으로는 신비주의를 들 수 있다.

idea bank

45 창의성은 언어로만 끝나지 않는다

원래 직관이라는 개념은 언어주의와 상반되는 개념이다. 언어주의란 직관에 의해서가 아니라 머리에 개념을 쏟아 넣은 것이다. 예를 들어 아이에게 닭은 '꼬끼오'하고 울며, 개는 '멍멍'하고 짖는다고 가르쳐 준다면 그들은 그렇다고 생각해 버린다. 그러므로 초등학교 1학년 음악 시간에 동물의 울음소리를 물어 보면 아이는 닭이나 개의 울음소리를 직접 들은 경험이 없다면 어른으로부터 주입된 '꼬끼오'라든지 '멍멍'으로밖에 대답하지 못한다. 만일 닭이나 개의 실제 울음소리를 들려주면 닭이 알을 낳을 때의 소리,

무엇에게 쫓길 때의 소리, 먹이를 쪼아 먹을 때의 소리를 낼 수 있고, 개에게서도 슬플 때의 소리, 낯선 사람이 다가왔을 때의 소리, 차에 치었을 때의 소리 등 여러 가지 소리를 내고 있음을 알게 된다. 그러므로 아이에게 개념적으로 닭은 '꼬끼오', 개는 '멍멍'이라고 가르치지 말고 닭과 개의 실제 소리를 직접 들려주는 것이 중요하며 그것이 바로 직관을 훈련시키는 것이다.

또한 초등학교에서 무궁화꽃을 소재로 하여 가르치는 경우가 있다. 무궁화 꽃잎은 몇 장인지를 가르치려고 할 경우에 아이를 무궁화꽃이 핀 곳으로 데리고 가서 여러 가지 꽃들을 보면서 실제로 꽃잎을 세어보게 해 보라. 그렇게 하면 어떤 꽃은 6장이기도 하고 어떤 꽃은 4장이기도 하지만 대다수의 꽃은 5장이라는 것을 알게 된다. 이렇게 실제로 꽃잎이 몇 장인가를 공부하는 것은 머릿속에 무궁화 꽃잎은 5장이라고 하는 개념적인 지식으로 가르치는 것과는 사뭇 다르다. 직관에 의해 처음으로 진짜 지식이 성립하고, 단순히 주입한 것과는 다른 새로운 경험을 하게 된다. 페스탈로치는 직관에서 개념으로라는 교육방법을 철칙으로 삼고 있는데 그는 개념은 필요하기는 하지만 그것은 반드시 직관을 통해서 먼저 이해하고 그러고 나서 개념에 의해 배워야 한다는 것이다.

처음 TV가 보급되었을 때 사람들은 그것을 바보상자라고 했었다. 이는 TV를 보고 있으면 일방적으로 영상을 받아들일 뿐이고 전혀 생각하지 않는 인간이 된다고 하는 우려에서 나온 말이었다. 라디오는 들으면서 생각할 수 있지만 TV는 사고가 정지된다고 여겼던 것이다. TV는 백문이불여일견(百聞以不如一見)이 틀렸음을 가르쳐 주고 있었던 것이다. 여기에서 우리가 주의해야 할 것이 있다. TV는 실물이나 실황을 그대로 보여주고 있는 것처럼 보이지만 실제로는 이미 방송국에 의한 선택이 이루어지고 그렇게 선택한 것을 보여주고 있으며, 클로즈업이나 슬로우 모션 등을 이용해 카메라로 재현하기도 하며 말이나 문자에 의한 설명이 들어가 있기도 하다.

한편 만화나 그림책은 특징을 강조하고, 불필요한 것을 생략하고 있기 때문에 아이가 쉽게 이해한다. 똑같은 내용을 언어나 TV나 그림책을 이용하여 비교해 보면 그림책이 가장 효과가 있고, 그 다음은 TV이고 마지막이 언어에 의한 교육이다. 만화나 그림책에 의한 교육효과가 매우 크다는 것은 사실 그대로라기보다도 특징을 강조하고, 불필요한 것을 생략하여 다른 쪽으로 눈을 돌리지 않게 하고 필요한 것에 주의를 집중하게 만들기가 쉽기 때문이다. 이것은 아이에게 어울리는 만화나 그림책은 그만큼 직관적인 사고를 개발할 수 있다는 것이다.

idea bank

46 직관은 시각이다

직관은 시각과 밀접한 관계가 있어서 시각 훈련에 가장 좋은 교과는 미술이라고 할 수 있다. 아이는 종이에 연필로 휘갈겨 쓰는 것을 좋아한다. 어른이 보기에는 엉터리로 휘갈겨 쓰고 있는 것처럼 보일지 모르나, 그렇게 하는 가운데에서 아이는 자연스럽게 원을 그릴 수 있게 된다. 어떤 학자는 아이가 쉽게 원을 그릴 수 있는 이유는 팔 또는 손목이 관절을 중심으로 회전하는 결과에 있음을 지적하기도 한다. 그래서 신체적인 발달이 미숙하여 아직 팔을 완전히 제어할 수 없는 동안에 아이는 비뚤어진 원을 그리기도 하고, 타원에 가깝게 그리기도 한다. 커다란 원, 작은 원, 점과 같은 아주 작은 원, 커다란 원 안에 포함된 작은 원, 쇠사슬처럼 연결된 몇 개의 원들은 어떤 때는 사람이 되기도 하고 집이 되기도 하며, 나무가 되기도 하고 자동차나 책이 되기도 하는 등 이처럼 아이는 무엇이든지 원으로 표현한다.

아이가 사물을 오로지 원으로만 표현하고 있는 단계에서는 형태의 분화는 나타나지 않는다. 이 단계에서 원은 둥글다는 것을 나타내는 것이 아니고, 그렇다고 특별한 형태를 나타내는 것도 아닌 그저 형태를 지닌 사물임을 나타내고 있을 뿐이다. 어른도 사물의 진짜 형태를 모를 경우에 점이나 원으로 나타내고 있다.

아이의 그림을 보면 커다란 원 안에 작은 원을 그리기도 하고 반대로 작은 원을 그리고 난 다음에 커다란 원을 나중에 작은 원을 둘러싸면서 그리기도 한다. 이렇게 포함하는 것과 포함되는 것으로 기본적인 공간관계를 이해하게 되는데, 이렇게 되면 지능이 현저하게 발달함을 뜻한다. 그래서 그것은 드디어 집이나 자동차 안의 사람들을 나타내기도 하고, 접시 위에 놓인 음식, 옷으로 감싼 신체를 나타내기도 하는 것이다.

아이가 동심원을 그리게 되면 지능이 더 발달한 것이다. 아이는 두 개의 동심원으로 귀를 표현하기도 하고 눈을 나타내기도 한다. 거기에서 한 발 더 나아가면 해의 모양이 되어서 직선이나 타원을 그림으로써 중심원이나 동심원으로부터 방출하는 모습을 표현하게 된다. 이 모양이 자유롭게 이용되고 여러 가지로 변화되어 꽃이 되고, 나뭇가지에 싹이 돋는 것으로 되기도 한다. 또한 많은 나무로 둘러싸인 연못이 되기도 하고, 가지만 앙상한 나무가 되기도 하며, 수염이 텁수룩한 아저씨의 얼굴이 되기도 하고, 손가락이 달린 손이 되기도 하며, 불꽃의 핵을 지닌 태양이란 중심에 전구가 있는 스탠드가 되기도 하고, 달리고 있는 사람이 되기도 한다. 이처럼 양식이 한 계단 올라가면 그것은 동일한 구조를 지닌 여러 가지의 사물을 표현하는 데 사용된다. 예를 들어, 중심에 전구가 있는 스탠드는 그대로 전구를 나타내기도 하지만 눈을 표현하는 데도 사용된다.

이러한 사실은 유아가 사람의 눈에 방사선 모양의 눈썹을 그리거나, 태양에도 방사선 모양으로 빛을 그리는 데서도 알 수 있는데 그것은 원의 시각적인 개념의 자연적인 발달임을 이해하는 것이다. 아이는 여러 가지 시각적인 개념을 발명하고 그것을 응용한다.

idea bank

47 직관은 정서다

직관적인 사고는 정서와 관련이 있다. 일반적인 사고는 하나의 이유에 결론을 내리고, 그 결론이 새로운 이유가 되어 제 2의 결론을 내리면서 원인과 결과의 관계로 진행한다. 그러나 직관적인 사고는 처음에 결론이 막연히 세워지고, 그 결론을 증명하기 위해서 이유를 묻게 되고 이 이유가 새로운 결론이 되어 제 2의 이유를 묻게 된다. 이 사실을 쉽게 이해하려면 대수학과 기하학을 예로 들 수 있다. 대수학은 일반적인 사고이며 그 해답이 어떻게 되는지는 해 보지 않으면 알지 못한다. 그런데 기하학은 일종의 직관적인 사고로 처음에 그 결말이 나타나고 있어서 그것을 증명하도록 되어 있다.

신참 판사는 하나하나 논리를 추구하면서 생각해 나아가지만 노련한 재판관은 사건의 내용을 들으면 바로 판결이 나올 수 있고,

그러고 나서 근거를 위해서 법조문을 찾아 맞춰볼 것이다. 직관적인 사고는 그렇게 단번에 전체가 파악되고 나중에 세세한 논리가 세워지는 것이다. 그러므로 그 직관적인 사고는 잘못될 수도 있는데, 그럴 경우에는 그 직관적인 사고는 올바르지 못한 것으로서 폐기되어 버린다.

48 직관적 사고의 과정은 어떻게 작용되나

직관적인 사고는 단지 멍하니 앉아서 기다리고 있으면 되는 것이 아니다. 직관적으로 사고하기 위해서는 끊임없이 노력하고 그 노력을 기울인 탓에 피로하고 그러다가 반 이상 포기해 버린 듯한 때에 주어지는 경우가 많다. 창조 활동이 어떻게 이루어지고 있는지는 왈라스(Wallace)에 의해 준비(preparation), 부화(incubation), 해명(illumination) 또는 영감(inspiration), 검증(verification)의 네 단계로 분석되고 있다. 이 가운데에서 직관적인 사고는 세 번째 단계인 해명 또는 영감에 의해 주로 작용한다. 창조 활동이 이루어지기 위해서는 먼저 창조하려고 하는 욕구가 생기고 그렇게 하기 위한 준비가 이루어져야 한다. 문제를 해결하기 위해서는 문제를 모든 측면에서 검토해 보아야 하며 의식적으로 힘든 노력이 필요하다. 여기에서는 논리적인 사고가 왕성하게 이루어진다. 창조 활동은 99%의 땀과 1%의 영감에 의한다고 말하는데, 철저한 연구라든지 일에 몰두해야 할 것이다.

부화의 단계는 자기의 의지로 좋은 아이디어를 짜내려고 하는 것이 아니라 열심히 생각하는 가운데에서 자연스럽게 좋은 아이디어가 나오기를 기다리는 상태와 같다. 마치 병아리가 알에서 깨어나기를 기다리고 있는 상태이다. 이 단계에서는 논리적인 사고를 정지하고 무의식적인 힘을 참여하게 하여 직관적인 사고를 움직이게 한다. 보기에 따라서는 아무것도 하지 않는 시기로 일에 몰두하고 있는 상태에서 해방된 때, 휴식하고 있는 때, 명상하고 있는 때, 다른 일을 하고 있는 때, 여행하고 있는 때이다. 해명 또는 영감의 단계에는 갑자기 새로운 아이디어가 떠오르는 것이다. 이 단계에서는 직관적인 사고가 활발하게 움직인다. 예를 들면, 보앙카레(Poincare)는 외출하려고 마차에 오르기 위해서 계단에 발을 놓는 순간 지금까지 다른 일 때문에 잊어버리고 있었던 수학의 증명에 관한 아이디어를 얻었다고 한다. 또한 독일의 화학자인 케클레이(Keckule)는 여섯 개의 수소 원자와 여섯 개의 탄소 원자로부터 벤젠의 구조식에 관한 아이디어를 자고 있는 동안 꿈속에서 '원자가 눈앞에서 춤을 추고 있고 뱀처럼 몸을 비틀고 있고 그 가운데에서 한 마리의 뱀은 자기의 꼬리를 먹고 있었다. 그때 눈을 떴다'라고 하면서 그때 벤젠의 탄소원자가 환상으로 배열하고 있는 구상을 얻었다고 한다. 꼬리를 물고 있는 뱀의 모습에서 벤젠의 분자 구조를 발견하였던 것이다.

아이디어는 이처럼 꿈속에서 헤매고 있는 일에서 해방된 때, 반수면 상태와 같은 때에 나타난다. 이 시기의 특징을 살펴보면 다음과 같다. 아이디어가 생길 때는 자발적이고 자율적으로 아이디어가 자기 자신 이외의 것에서 다가온다고 하는 인상을 주고 있다. 영감은 간장에서 해방된 때라든지 주의를 집중한 결과 안내된다. 아이디어가 나올 때는 정서가 고양되어 있는 상태와 평정한 상태가 있다. 또한 기분이 좋은 상태일 때와 몰두하고 있는 때가 있다.

창의적인 활동 가운데에서는 해명이 종종 마지막 단계에서 생기는 경우가 있다. 그러나 대개의 경우는 이것으로 끝나지 않는다. 떠오른 아이디어를 평가하고 검증하고 또한 수정할 필요가 있다. 직관적인 사고에 의해서 나온 아이디어나 심상을 논리적인 사고에 의해서 확인하고 가설을 세우고 이것을 실험이나 조사에 의해 검증하지 않으면 안 된다. 또는 그 아이디어에 바탕을 두어서 그림과 음악과 소설과 시 그리고 발명으로 구체화시키고 작품이나 제품으로 실현시키지 않으면 안 된다. 산출된 아이디어는 키워 나아가지 않으면 안 되며, 더 나아가서 만족할 만한 것이 되기 위해서 갈고 닦아 나갈 필요가 있다.

idea bank

49 창의성은 인격이다

우리는 창의성을 능력과 인격적인 특성이라는 두 가지 측면에서 다룰 수 있지만 일반적으로 창의성을 창의력이라고 이해해 버림으로써 인격적인 특성을 쉽게 간과해 버리게 만들고 있다. 여기에서는 창의성을 창의적인 인격에 초점을 맞추어 살펴보려고 한다. 창의성은 지능과 비교해 보면 정의적인 측면이 강하고 동기와도 관련이 있어서 단순하게 능력의 개념만으로 다루어질 수 없다. 창의성은 단순한 인격적인 특성만이 아니라 몇 가지 특성에 의해 구성되어 있는 복합적인 것이며, 따라서 이것을 창의적인 인격이라고 부르고 있다. 이러한 창의적인 인격은 창의성의 바탕을 이루고 있으며, 창의성을 해명하는 데에 매우 중요하다.

프롬(Erich Fromm)에 따르면 지능은 인격의 하나의 기능이며 그것은 교육, 생활 경험, 정소, 의식적인 또는 무의식적인 원망, 태도, 경우에 따라서는 갈등과도 서로 관련되어 있다. 또한 웨슬러(D. Wechsler)는 지능에는 지적인 요인 외에 비지적인 요인으로서의 인격적인 요인이 작용하고 있다고 한다. 프롬과 웩슬러가 지적하고 있듯이 지능은 인격의 한 가지 지능이라고 하는데, 이러한 사실은 창의성에 대해서도 똑같이 말할 수 있다.

idea bank

50 창의성의 인격적 득싱 1

창의적인 인격에 관한 연구는 다양하게 이루어지고 있지만 주로 창의성이 높다고 평정되는 사람 또는 창의성 검사에 의해 창의성이 높다고 판정된 사람들을 대상으로 하여 인격 검사 또는 인격평정을 실시하여 창의성의 인격적인 특성을 인출해 내려고 하고 있다. 그 가운데에는 창의성이 높다고 평정된 사람의 전기를 연구하여 창의적인 인격을 추측하는 것도 있다. 바론(F. Barron)은 독창적인 학생과 그렇지 못한 학생을 두 집단으로 나누어서 '좋아하는 도형과 싫어하는 도형 검사'를 실시하였고, 그 결과 독창적인 학생은 화가처럼 복잡하고 비대칭적인 그림을 선호하였다. 또한 아쉬(S. Asch)가 실험했던 독자적으로 판단하는 판단의 독립성, 분열적인 성향, 불안 성향, 지능, 유머, 폭넓은 관심 등과 같은 속성이 창의성과 정적인 상관이 있었다. 또한 바론이 공군 장교를 대상으로 하여 이루어졌던 조사에서는 독창적인 사람을 지적이고, 상상력이 풍부하고, 지배적이며, 솔선수범하는 데 비해서 그렇지 못한 사람은 동조하기 쉽고, 융통성이 없고, 통찰력이 모자라고, 냉담하다고 보고하고 있다. 또한 독창성 검사와 지능 검사를 실시하고 더 나아가서 자기 평정에 의해서 각자의 인격의 특징을 기술하게 하였더니 독창성이 높고 지능이 낮은 사람은 감정적이고 지배적이고 성급하고 진취적이며 솔직하고 냉소적이며 암시당하기 쉬운 인격을 지니고 있으며, 독창성이 낮고 지능이 높은 사람을 온화하고 낙관적이며 유쾌하고 조용하고 비이기적인 인격을 지니고 있는 것으로 나타났다.

idea bank

51 창의성의 인격적 특성 2

홀랜드(J. L. Holland)는 고등학교 학생의 창의적인 행동은 독립적이고 지적이며 표현적이고 비사교적이며 독자적이며, 장래에 목표달성을 동경하고 있는 학생들 사이에서 자주 엿보인다고 하였다. 테일러(C. W. Taylor)는 창의적인 사람은 자주적이며, 스스로 만족하고 있고, 독립적으로 판단하며 비합리적인 것에 마음을 열고, 안정적이고, 지배적이며 자기를 주장하고, 복잡하며, 자기 수용적이고 기지가 풍부하고 모험적이며 급진적이고 자기 통제적이며 정서를 민감하게 받아들이고 내성적이며 용기가 있는 성향이 현저하였다. 고로빈(N. E. Golovin)은 과학 분야에서의 창의적인 인물을 연구하면서 불안정, 괴상한 태도, 장난꾸러기, 전통적인 지적 속박에 얽매이지 않는 태도가 특징적으로 많이 나타나고 있다고 했다. 또한 카텔(R. B. Cattell)은 과학에서 창의적인 집단에 인격 검사를 실시하였고, 그 결과 그들의 특성은 뷰열적인 기질, 높은 지능, 강한 지배성, 급진성, 자기 충족성이 높은 것으로 나타났다. 더 나아가서 예술가나 문학가는 과학자와 비교해서 예술성이 높고 감수성이 풍부하고 일에 대한 긴장 또는 불안이 높다. 또한 그는 창의적인 사람에는 압도적으로 내성적인 사람이 많다는 점을 강조하고 있다.

idea bank

52 창의성 검사와 성격 검사

창의성 검사와 성격 검사를 실시한 결과들을 보면 창의성은 기민하고 기지가 있고 사교적이며, 밝고 융통성이 있는 항목과 창의성 간에 긍정적이고, 허약하고 마음이 좁고 자기 방어적이며, 항상 긴장되어 있고 의지할 만하지 않다는 데에 부정적이다. 또한 창의성은 착실하고 어른스러우며 논리적이고 배려하는 마음이 있고 다른 사람에 의해 동요하지 않는 것에 긍정적이고, 자기 멋대로이며 화내기 쉽고, 신경질적이고 허식적인 항목에 부정적인 반응을 나타내고 있다. 또한 고등학교 학생을 대상으로 한 검사 결과 활동적이고 협동적이며 외향적이고 억압이나 열등감 그리고 신경질적인 경향에서 자유로웠다.

또한 창의적인 업적을 많이 낸 연구원 집단을 고(高)창의적인 집단으로 하고, 통제군으로 이과대학생을 선택하여 성향을 조사하여 비교한 연구에 따르면 고창의적인 집단은 자율적이고 의지적인 행동과 관계가 깊다. 또한 머레이(H. Murray)의 인격 특성에서 보면 창의성은 매우 건강하고 활력적인, 즉 높은 에너지 강도, 잘 해 보겠다는 의욕에 넘쳐 공격적임, 에너지 지속성, 성취, 지배, 발표하려는 욕구가 강하고 자기를 눈에 띄게 하는 것, 즉 드러내 보이기, 변화, 자율과 관계가 있음을 확인하고 있다.

idea bank

53 창의성의 여덟 가지 인격적 특성

많은 연구 결과 드러난 여덟 가지 창의적인 인격 특성을 간단히 정리하면 다음과 같다. ① 충동은 심적인 에너지가 강한 상태로 그것은 긴장이 고조되면서 불안감이 적어지는 것이다. 이에는 흥분, 급진성을 들 수 있고, 그 밖에도 감정적임, 결단력, 용기, 예리함 등도 같은 범주에 넣을 수 있다. 충동은 유창한 말과도 관계가 있고, 조울증과도 밀접한 관계가 있다는 것도 무시할 수 없다. ② 고집은 어디까지라도 하려고 하는 정신적인 끈기로 노력, 집념, 열심, 근면, 헌신, 철저함, 신념, 인내, 근성, 결코 타협하지 않으려는 것들과 유사하다. 고집은 심적인 에너지를 지속하려는 것과 관계가 있으며 정신분열증과도 밀접한 관계가 있다. ③ 충동과 고집은 상반되는 것처럼 보이지만 이들은 모두 생명력이라는 심적인 에너지, 즉 창의적인 욕구와 의욕으로 발전한다. 이러한 에너지는 의지력으로 나타나기도 하는데, 특히 고집의 경우가 그렇게 되는 경우가 많다. 순간적인 기지, 단시간 내에 많은 아이디어를 내는 데는 충동이 중요하지만 오랜 시간 동안의 과학기술 연구나 예술의 제작에는 고집이 필요하다. ④ 호기심은 탐구심, 목표 추구, 모험심과 연결되고, 새로운 경험에 대한 욕구, 성취에 대한 욕구와 관계가 있으며, 야심적이고 공격성과도 결합되어 있다. 호기심은 유아 때부터 싹트는데 적절한 훈련에 의해 과학적인 호기심으로 키워서 과학기술의 발견과 발명으로 결실을 맺도록 이끌어 주어야 할 것이다. 호기심은 미지와 미래 세계에 대한 도전을 재촉하고 문제의 발견과 창의성을 키워 나간다. ⑤ 개방성은 열린 마음이라고도 하며, 유연성이나 융통성과 거의 같은 것으로 환경 변화에 적응할 수 있는 새로운 정보를 받아들이는 능력이나 성향을 말한다. 이 밖에 모호함에 대한 관대함, 방랑, 관심의 폭, 복잡함에 대한 선호와 연결되며 다양한 가치를 받아들이며, 잘못이나 실패로부터 배운다고 하는 특징을 갖는다. 이러한 개방성은 종합적인 능력을 키운다. ⑥ 내성적인 성향은 내면으로 마음을 향하게 하므로 자기의 감정이나 문제뿐 아니라 외부 세계에 대한 감수성이 높다. 이러한 성향은 주의 집중력과 관계가 있고 경우에 따라서 불안한 성향을 나타내기도 한다. 내성적인 성향이 개방성과 어울려서 직관적인 사고, 더 나아가서 상상력, 확산적인 사고로 발전하기도 한다. ⑦ 자기 통제적인 성향은 자기와 현실을 받아들이는 성향과 연결되어 있고, 건강한 마음의 바탕이 된다. 왜냐하면 실패에 상처받지 않으며, 낙관적이고 유머와 관계가 있기 때문이다. 자기 통제적인 성향은 심적인 에너지의 개발과 통제와 관련되며, 충동과 고집은 규제한다. ⑧ 순수한 마음은 사심이 없는 마음이며, 왜곡이나 선입견이 없는, 즉 고정된 틀이 없는 상태로 이것은 창의적인 인격 특성으로서 매우 중요한 바탕이 된다.

idea bank

54 충동과 창의성 교육

충동을 위해서는 교육적으로 어떤 배려가 있어야 하는가? 창조 활동의 원동력으로서 심적인 에너지를 전할 필요가 있다. 이러한 심적인 에너지가 넘칠 경우에는 충동도 강해지나 그렇지 않을 경우에는 불안이나 불만을 느끼게 된다. 따라서 창의성을 개발하는

데에는 심적인 에너지를 충만하게 하거나 제어하게 하는 일이 필요하며 몸과 마음을 튼튼하게 하고 감정을 훈련시킬 필요가 있다. 풍부한 생활 경험을 가지게 하여 놀라움과 감동의 경험을 만끽하게 한다. 이것은 지식으로서 가르칠 수 없고 어디까지나 체험을 통해서 얻을 수 있다. 발견학습에서는 스스로 발견하는 기쁨을, 창작학습이나 발명학습에서는 창조하고 발명하는 기쁨을 맛볼 수 있다.

idea bank

55 고집과 창의성 교육

고집을 위한 교육적인 배려는 어떻게 해야 하는가? 문제를 확실하게 파악하거나 그것을 철저하게 추구해 나아가는 것이 고집이다. 혼자서 심상을 만들어 내고 그것을 철저하게 추구해 나가면 심상을 알 수 있게 된다. 예를 들면, 상상력을 충분히 발휘해서 만들어 내고 싶은 것 또는 되고 싶은 것을 심상으로 머리에 분명하게 찍어 넣는다. 이렇게 자기 암시에 의해서 무의식 속에 깊게 심상이 심어지면 즐겁게 심상을 향해서 행동의 방향이 결정되어 동기가 부여되며 자율적으로 그것을 실현해 나가게 된다. 또한 어려움에 부딪혀서 그것을 극복하는 체험을 통해서 끈기를 키워줄 수도 있다. 창조 활동은 어려움이나 막다른 골목을 헤쳐 나가면서 생겨나는 것이다. 장애를 극복하는 근성을 키우는 것이 중요하다. 이러한 고집을 키우는 데는 활력과 주의 집중이 필요하며, 물론 기초적인 지식이나 기술의 습득과 숙달을 위해 훈련을 행하는 것이다.

idea bank

56 호기심과 창의성 교육

호기심을 위한 교육적인 배려는 무엇인가? 아이는 온 힘을 다하여 미지의 세계를 탐색하는데 그렇게 하는 가운데 아이의 행동은 창의적으로 된다. 그러나 아이가 교육을 받게 되면 사물에 대한 경이로움이 사라지고 감동도 적어지게 될 수도 있다. 그러므로 아이가 품게 되는 의문에 대해서 즉각적으로 가르쳐 주지 말고 아이 스스로 생각하게 만들어야 한다. 경우에 따라서는 힌트나 조언을 해 줄 수도 있다. 그리하여 스스로 문제를 탐색하고 해결하는 기쁨을 맛보게 한다. 시행착오를 하게 하는 것은 창조 활동에서 필요한 과정이 된다.

idea bank

57 개방성과 창의성 교육

개방성을 위한 교육적인 배려는 무엇인가? 창조 활동은 긴장과 이완이 균형을 이룰 때 생긴다. 아이디어는 긴장에서 이완으로 옮겨가는 가운데 생겨난다. 자유롭게 말하게 하고, 충분한 휴식과 수면을 취하게 한다. 상담, 최면, 자율 훈련 등은 긴장을 해소하는 데 좋다. 광범하게 정보를 얻게 하고 여러 가지를 경험하게 하며 시야를 넓힌다. 여행을 하게 하는 것도 좋다. 사물을 고정적으로 생각하지 않게 하고 여러 가지 각도에서 보게 한다. 예를 들면 사물을 사용하는 방식에는 다양한 것이 있음을 깨닫게 한다. 아이디어를 내게 하고, 그것을 실제로 해 보게 한다. 아이디어를 다방면으로 내게 하는 데는 브레인스토밍이나 체크리스트법을 사용하는 것도 좋다. 또한 새로운 것을 하는 데 대한 불안을 없애 주고 실패를 두려워하는 마음을 약하게 하는 것이 필요하다. 또한 동시에 몇 가지 문제에 몰입하는 것이나 여러 사람과 교제하게 해 보는 것도 좋을 것이다.

idea bank

58 내성적인 성향과 창의성 교육

내성적인 성향을 위한 교육적인 배려는 무엇인가? 내성적인 성향에 관해서는 사물을 관찰하는 능력을 높이고 주의 집중력을 훈련하는 것이 좋을 것이다. 자기를 올바로 볼 수 있게 되면 외부 세계가 보다 더 분명하게 보인다. 자기 자신의 왜곡을 깨닫게 해 주고, 그것을 제거해 나가는 것이다. 거기에는 상담이 좋다. 또 다른 하나의 방법은 본래 왜곡이 없는 본래의 자기, 진실한 자기를 보는 방법이다. 이것은 본 대로 느낀 대로 활동하고 자기를 속이지 않는 것이다. 이렇게 있는 그대로의 모습은 아이의 자연의 모습이기도 하다. 거기에는 있는 그대로 행동하는 생활 상황을 만들어 나아가는 것이 필요하다.

idea bank

창의성을 창의하다

1. 우리는 왜 창의성에 폭발적인 관심을 보이는가?
2. 아이들의 창의성 향상을 위해 학교가 가장 먼저 해야 할 일은 무엇인지 서로 토론해 보자.
3. 부모와 교사는 아이들의 창의성을 위해 무엇을 어떻게 해야 하는가?
4. 상상이 창의성에 어떤 영향을 줄 수 있는지 토론해 보자.
5. 직관의 의미와 직관적 사고의 과정을 설명해 보자.
6. 창의성에 포함된 인격적 특성에는 어떤 것들이 있는가?

제3부

창의성은 자란다

아인슈타인의 상대성이론의 발견은
'우연히' '문득 떠오른 생각'이었다.

▲ 창의성의 원천, 세렌디피티

세렌디피티란 위대한 발견을 이끄는 핵심적인 아이디어는 통상 우연히 떠오른다는 개념을 정의하기 위해 생겨난 단어다. 양자역학의 핵심 이론인 '불확정성의 원리'를 발견한 하이젠베르크, 증기기관을 개발한 제임스 와트(1695)

▲ 꿈속에서 이루어지는 위대한 발견

이인슈타인은 머리맡에 늘 펜과 노트를 두고 자는 습관이 있었다. 닐스보어도 꿈에서 진기한 태양계의 모습을 보고 이를 참조하여 원자구조이론을 완성했는데 이것이 원자물리학의 기조가 되었다. 에디슨도 선잠 상태에서 연구 작업을 했다. 원소의 주기율표를 발명한 드미트리 멘델레예프 1869년 어느 날 꿈속에서 주기율표 작성에 필요한 모든 아이디어를 얻었다. 모차르트, 괴테, 에드거 앨런 포우, 스위스 박물학자 장가아시, 재봉틀을 발명한 일라이어스 하우는 바늘을 상하로 움직이는 데까지는 성공하였으나 바늘을 어떻게 만들 것인가를 고민하던 중 꿈속에서 바늘에 구멍을 뚫는 아이디어를 얻었다고 한다.

수면 중에 뇌는 각성 상태와는 다른 초능력에 가까운 기능을 가지고 있다. 위대한 발견은 진정한 의미에서 우연히 얻어지는 것은 아니다. 우연한 영감에 의한 위대한 발견 뒤에는 오랫동안 피나는 노력을 기울인 사람들의 정성이 있었다는 것을 간과해서는 안 된다. 주어진 문제에 대해 자나 깨나 생각할 때, 그래서 그 문제를 푸는 의식적인 노력이 수면 중에도 연속될 때 수면 상태의 활성화된 뇌가 활용되고 그 결과로 문제가 풀리는 것이다. 그리고 그 아이디어가 꿈에 나타나든지 혹은 낮에 한 순간의 영감으로 떠오르는 것이다. 아이디어가 떠오른 순간은 우연처럼 느껴지지만 몰입적 사고를 한 사람에게만 나타나는 필연적인 결과이다.

제5장
창의성의 발달

1. 유아기의 창의성

59 유아기도 창의적인 활동을 하는가

인생의 출발점이기도 한 유아기에 어떤 환경에서 어린아이를 키우면 창의적으로 될 수 있는지 생각하는 일은 매우 중요하다. 특히 고도의 과학기술의 발달로 인한 인간 소외로 일컬어지는 시대에서 인간은 어떻게 살아갈 수 있는지를 생각한다면 유아기 창의성의 의의는 더욱 커질 것이다. 창의성은 재능의 기초가 되며 마치 새로운 맛을 개발하는 것과 같다. 유아기는 아직 생활 경험이 없어서 일상생활 그 자체에서 새로움을 느끼는 경우가 많으며, 유아기의 삶 자체는 창의적이라고 해도 과언이 아니다.

모레노(Moreno)에 따르면 자발성을 인간의 기본적인 활동 능력이며, 일반적으로 유아들은 어른보다 더 자발적이다. 그들은 어른과 달리 자기 자신 직면한 사태에 대해서 지식이나 체험에 의존하지 않고 전혀 새로운 방식으로 대처하기 때문이다. 어른은 새로운 사태에 직면하면 지금까지 배운 여러 가지 지식, 지금까지 체험했던 여러 가지 사실에 의존하여 자기 자신의 행동을 결정하려고 한다. 그렇기 때문에 어른은 새로운 사태에 대해서 가장 적절한 행동을 한다고 볼 수 없다. 이러한 점을 고려하며 어른이 된다고 하는 것은 어떤 의미에서는 자신의 유아 때 스스로 자발적이었던 행동들이 점점 움츠러들고 있다고 할 수 있다. 모레노에 의하면 자발성은 창의성을 산출하는 원동력이다.

idea bank

60 유아는 창의적 인간, 자발적 인간

창의적인 인간이란 자발적인 인간, 즉 어떤 상황에서도 즉석에서 거기에 가장 잘 어울리는 행동을 할 수 있는 사람이다. 편견이나 선입견에 가장 잘 어울리는 행동을 할 수 있는 사람이다. 편견이나 선입견에 좌우되지 않고 신선하고 솔직한 마음으로 자기 자신의 주변을 조망해 볼 수 있는 사람, 그러한 사람이 보다 더 창의성이 풍부한 사람이라고 말할 수 있다.

자발적인 사람은 다른 사람의 어떤 의견에도 구속되지 않는 아주 맑고 강한 자기 자신을 필요로 하는 사람이다. 그런데 지금까지의 자기 자신에게 구속당하지 않고 자기 자신을 비우는 데는 용기가 필요하다. 만일 다른 사람의 말이나 평가에 신경을 쓴다면 자기 자신이 생각하거나 느낀 것을 솔직하게 표현할 수 없게 되어 버린다. 그것보다도 다른 사람에게 인정받으려고 하는 기분이 먼저 생겨나기도 한다. 자발성은 순간적으로 나타나는 힘이므로, 자발성이 나타나는 순간은 어떤 두려움도 없이 자유롭고 여유 있는 자시 자신이 되지 않으면 안 되고, 즉석에서 행동할 수 있어야 한다. 순간적으로 이루어지는 갑작스러운 판단은 그 사람의 지식이나 경험에 의존하고 있지 않고 무의식적으로 행동할 수 있는 데 의존한다. 그런 의미에서 유아는 가장 자발적인 창의적 인간이다.

idea bank

61 창의성에 대한 통념을 바꾸라

유아기에 창의성을 신장시키려고 한다면 유아의 행위를 틀에 맞추려고 하지 말아야 할 것이다. 그러나 이 말은 유아를 자유롭게 해서 놓아두면 무조건 좋다는 것도 아니다. 유아는 자기 자신의 활동을 평가할 수 없으며, 종종 저급한 감각이나 운동에서 스스로 만족해 버리는 경우가 많기 때문에 유아 스스로 생산성이나 향상성을 고려하기는 매우 어렵다. 결국 어른이 곁에 함께 있으면서 지도해 주지 않으면 안 된다. 그러나 어른은 어른으로서 이미 습득한 지도방법이 있기 때문에 아무래도 유아가 가지고 있는 창의적인 것을 끌어내기가 쉽지 않다. 유아의 창의성을 신장시키기 위해서는 부모나 교사의 통념을 바꿀 필요가 있는데 다음은 유아의 창의성 계발을 위해서 부모와 교사가 주의해야 할 점이다.

첫째, 유아의 자발적이고 자주적인 활동을 억누르지 말아야 한다. 아이를 무조건 금지하는 것은 좋지 않다. “이것은 위험하니까 안 돼”와 “이것은 더러워지니까 안 돼”, “난폭하게 행동해서는 안 돼”, “시끄럽게 행동해서는 안 돼”처럼 모조리 ‘안 돼, 안 돼’라고만 해서는 안 되며, 그럴 경우에 아이는 소극적이게 된다.

둘째, 풍부한 표현력을 지닐 수 있도록 해 주어야 한다. 창의성은 혼자만 이해할 수 있는 의미나 기쁨을 만끽하는 것이 아니라 다른 사람으로부터 인정받는 것도 포함된다. 다른 사람으로부터 인정받는 것은 충분히 창의성을 자극한다. 다른 사람으로부터 인정을 받기 위해서는 반드시 풍부한 표현력을 키울 필요가 있다.

셋째, 혼자서 생각할 수 있도록 해 주어야 한다. 일상생활이나 놀이 가운데 아이가 혼자서 문제 해결의 방안을 생각하고 처리하도록 하면서 문제 해결 능력을 키워준다면 아이는 갑자기 생각하지도 못한 사태에 직면해서도 그 상황에 맞게 처리할 수 있게 되며, 이렇게 해서 창의성은 신장하게 되는 것이다.

넷째, 유아의 놀이 가운데에서 창의성과 탐구심을 키워주어야 한다. 어른의 눈으로 유아의 노는 모습을 보면 날마다 똑같은 놀이를 하고 있는 것처럼 보이지만, 그러나 잘 주의해서 보면 놀이는 매번 바뀌고 있음을 알 수 있다.

다섯째, 같은 나이의 놀이 친구를 선택해 주도록 한다. 유아는 누구든지 친구라면 좋다는 것이 아니고 마음에 맞는 친구를 선택하려고 한다. 보통 아이는 같은 나이의 아이를 친구로 삼으려고 한다. 여섯째, 집단놀이에서 여유 있게 행동하도록 해야 한다. 일곱째, 유아의 하루 생활 가운데에서 어떤 놀이가 어떤 시간에 이루어지고 있는지 주목해 볼 필요가 있다. 특히 유아의 TV시청은 지능이나 감정을 키우는 데 효과가 있지만, 반면에 그저 수동적으로 자극을 받아들이게 되어 유아의 창의성 발달에 중요한 자발성을 방해하는 데 작용할 수도 있음을 잊지 말아야 한다. 부모와 교사는 이상과 같은 일곱 가지 주의할 점은 결국 유아기의 창의성의 특징을 잘 나타내고 있음을 명심하여야 한다.

idea bank

62 놀이와 유아의 창의성

유아의 창의성 계발방법으로서의 놀이가 있다. 이는 놀이하는 가운데 창의성을 계발하도록 하는 것이다. 유아의 생활 가운데에서 놀이는 빼놓을 수 없는 매우 중요한 활동이다. 유아의 생활은 곧 놀이이며, 놀이는 곧 유아의 생활이다. '잘 노는 아이는 잘 자란다'고 하듯이 놀이에 적극적인 유아는 생활 전체가 적극적이다.

'잘 배우고 잘 놀고'라는 말이 있듯이 잘 배우는 것은 잘 노는 가운데에서 이루어진다. 어떤 부모는 종종 아이가 놀이를 좋아한다든가, 밖으로 놀러 나가서 돌아오지 않는다고 불평하기도 하는데 놀이에 정신이 팔린 아이는 적극적이며 더 나아가서 자유롭고 여유 있게 행동하고 있는 것이기 때문에 결국 유아의 창의성이 길러지고 있다고 생각해야 한다. 잘 노는 유아는 의욕적이며 그래서 노는 것이 즐거운 것이다.

아이가 놀이를 하면 왜 즐거울까? 아이의 놀이를 관찰해 보면 아이는 놀이 가운데에서 변화를 즐기고 있음을 알 수 있다. 아이는 블록이나 모래로 매우 힘들게 만들어 놓은 집을 한 번에 허물어뜨린다. 그러고 나서 똑같은 것을 다시 만들기 시작한다. 그러나 얼핏 보기에 똑같이 보이는 집도 자세히 들여다보고 있으면 전에 만들었던 것과 달라진 새로운 것이 있는데, 블록 쌓기 집 지붕에 이전에는 없었던 탑을 만들고 있는 것이다. 이렇게 유아들의 놀이를 통하여 어른의 눈으로는 쉽게 발견되지 못하는 변화가 매우 많이 있다. 아이는 놀이에 의해서 새로운 변화를 일으킬 수 있는데 그러한 변화가 곧 성장임을 감안한다면 놀이의 기쁨은 인간으로서 매우 고상한 기쁨이라고 말할 수 있다.

idea bank

63 놀이를 교육적으로 활용하라

성장에 대한 기쁨을 포함하고 있는 놀이를 보다 더 교육적으로 활용하려면 놀이 장소, 놀이 도구, 함께 노는 사람이 중요하다. 일반 가정에서는 아이의 놀이를 대수롭게 않게 여기므로 대개 놀이 조건에 그다지 관심을 갖지 않는다. 이 점에 주의하여 아이의 놀이 장소를 고려해 주면 아이의 흥미라든지 놀이방법도 점차 변화될 것이며, 나아가 결국 창의성 계발에 기여할 것으로 여겨진다. 유아의 놀이에서 함께 놀이를 하는 친구와 놀이를 지도하는 어른도 매우 중요하므로 따라서 어떤 친구와 놀면 좋을지, 어떤 어른에게서 지도를 받으면 좋은지 생각하지 않으면 안 된다. 친구들과 노는 것이 아이의 창의성 신장에 좋은 영향을 줄 수 있지만 오히려 그것이 아이의 창의성에 바람직하지 못할 수도 있다. 예를 들면, 항상 지배-복종 관계로 고정되어 버리는 친구는 창의성 신장에 별로 도움이 되지 않는다. 그리고 어른은 아이의 놀이에서 그다지 바람직하지 모한 경우가 많은데, 왜냐하면 그는 몸놀림이 민첩하지 못하고 탐구심도 부족하기 때문이다.

따라서 어른이 아이의 놀이를 지도할 경우에 특히 이러한 점을 유념해야 할 것이다. 유아는 많은 시간을 가정에서 보내게 되므로 가정이 유아의 창의성을 발휘할 수 있는 좋은 놀이를 제공하여야 할 것이다. 그렇게 하기 위해서는 될 수 있으면 아이가 자유롭게 활동할 수 있는 장소와 시간을 마련해 주어야 할 것이다. 가정이

지나치게 어른 중심의 생활로 되어 있다면 아무래도 아이의 생활이 자유로울 수 없는데 이렇게 되지 않도록 주의해야 할 것이다. 부모가 소중하게 여기는 물건이 너무 많아서 친구들을 마음 놓고 집으로 데려와 놀 수 없다거나, 야단맞는 기회가 너무 많으면 아이의 놀이에 좋은 영향을 주지 못하게 되며, 창의성 신장을 매우 어렵게 만든다. 아이를 제약하는 것이 적으면 적을수록 창의성 신장에는 좋다. 가정에 소중한 물건들이 있다면 아무리 아이가 자발적으로 행동하려고 하더라도 자발적일 수 없으며, 여유 있게 행동하고 싶어도 그렇게 할 수 없으며, 그러는 동안에 겨우 돋아나는 창의성의 싹도 상처를 받을 수밖에 없다. 그렇게 되면 창의성은 결코 계발될 수 없다.

idea bank

64 부모의 유아 인정과 창의성

유아의 창의성 계발을 위해서 부모는 놀이 이외에 아이를 인정해 주어야 한다. 경제적인 풍요로움 속에서 자라난 오늘날의 아이는 두려움 없는 것처럼 보이지만 가만히 살펴보면 그들은 고통스럽고 엄격함을 피하려고 하는 경향이 있음을 알 수 있다. 그들은 입으로는 논리적인 이유를 늘어놓고 있지만 실제로 행동할 때는 다른 사람의 눈치를 살피고 불안에 떨고 있다. 왜냐하면 부모가 아이 곁에서 너무 많은 말을 하고 있기 때문이다. 부모가 유아에 관해 이런 저런 걱정을 하면서 유아의 생활을 간섭하는 경우가 많을수록 유아는 이러한 부모에 대해서 반항하게 되며 동시에 자신감마저 잃어 가고 있는 것이다.

유치원에 다니는 자녀를 둔 어머니에게 유아의 장점이 무엇인지 물어보면 곧바로 대답할 수 있는 사람을 얼마 되지 않는다. 대부분의 어머니는 마음속으로는 자녀의 장점이 전혀 없지는 않지만 무엇인가 만족스럽지 못하다는 느낌을 가지고 있거나 또는 그것이 정말로 아이의 장점인가라고 의구심을 가지고 있다. 이런 어머니와 함께 생활하는 아이는 날마다 마주 대하는 부모에게서 끊임없이 결점만 지적당하게 되고 그는 점점 자신감을 잃어버리게 된다. 그러므로 유아의 놀이 가운데에서 유아의 자신감을 길러 줄 수 있고 어머니도 적극적으로 자녀의 장점을 전할 수 있도록 노력해야 할 것이다. 다음 사례에서 부모의 유아 인정이 유아를 어떻게 바꾸어 놓는지 살펴보자.

5세인 철수는 유치원에 가는 것이 그다지 즐겁지 않았고 친구도 사귀지 않았다. 유치원에서 그는 거의 말하지 않았고, 친구와 함께 노래하거나 그림 그리기도 하지 않았고 겨우 아침 체조만 하는 정도였다. 처음에는 철수의 어머니도 다른 어머니처럼 "다른 아이들은 모두 할 수 있는데 어째서 너만 할 수 없니?"라든지 "그림도 그리지 않으면 부끄럽지 않니?"라고 하면서 그를 야단쳤다. 그녀는 이렇게 야단침으로써 그를 자극하거나 그가 좀 더 의욕적이기를 바란다는 마음을 표현하려고 하였다. 그러나 그는 야단맞으면 맞을수록 점점 더 움츠러들어 혼자서 깊은 생각에 잠겨버리곤 하였다. 아들이 이렇게 되어 버리자 어머니는 그의 모자람을 지적하는 대신에 좋은 점을 찾아내야겠다고 결심하였고, 마침내 매일 아침마다 철수에게 체조를 배우기로 하였다. 철수가 특별히 체조를 잘 하지는 못하지만 그래도 유치원에서 하고 있는 것 가운데에서 그가 하는 유일한 것이기 때문이다. 이 활동이 당분간 계속되는 가운데에 엄마에게 체조를 가르쳐 준다고 하는 것이 격려가 되어서 철수는 유치원에서도 체조에 특히 흥미를 나타내면서 적극적이 되었다. 유치원에서 새로운 체조를 배울 때는 열심히 따라했고 엄마에게 가르쳐 주었다. 어느새 체조 시간에 철수는 활발해졌고 친구들과도 말하거나 장난을 하게 되었다. 철수처럼 한 가지 만이라도 장점이 있어서 그것을 인정받거나 자신감을 얻게 되면 아이는 다른 것에서도 점점 그 능력을 발휘할 수 있게 된다.

idea bank

65 유아의 상상력과 애니미즘

유아는 상상력이 뛰어나지만 그것은 애니미즘(animism)적인 것이 많다. 예를 들면, '두더지'라면서 피아노 덮개 속에 숨는 행동을 하는데, 이러한 행동의 바탕에는 애니미즘적인 상상력이 자리잡고 있다. 이러한 상상력은 과학적이고 논리적인 사고에 오히려 방해가 되기도 한다. 또한 생명이 없는 것에 생명이 있다는 애니미즘적인 사고는 시적이고 예술적인 표현과는 다른, 보다 더 저급한 단계의 사고 양식이기도 하다. 그러나 상상은 유아의 창의성 발달에서는 필연적이며, 유아의 놀이의 전부가 상상하면서 노는 상상놀이라고 해도 좋은 정도이다. 자유롭게 천천히 상상의 세계를 즐기는 것은 상상의 세계에서 상을 보다 구체화하고 명료하게 하는 데 도움이 될 것이다. 대체로 뚜렷하지 않지만 비교적 분명한 상이 직관적으로 아이에게 많이 나타나고 있다. 순간적으로 전체의 상을 집어내는 직관적인 사고는 분석적이고 논리적인 사고에 비해서 중요하게 여겨지고 있지 않지만 양자는 서로 보완하면서 작용하기 때문에 그것을 키워주는 것이 좋다. 예를 들면, 이야기를 그림으로 그려보는 것은 일종의 상을 만들어 그것을 표현하는 것으로, 이러한 활동을 많이 하는 것은 직관적인 사고를 키우는 하나의 방법이라고 할 수 있다.

idea bank

66 유아의 창의적인 활동은 지능보다 의욕

창의적인 활동은 단순히 사고를 조작하는 인지적인 활동만이 아니고 인격적인 활동이기도 하다. 지능이 높다고 반드시 창의성이 높다고는 할 수 없으며, 창의적인 활동은 지능보다는 오히려 그것을 생겨나게 하는 유아의 의욕이나 태도다. 이를 높이기 위한 방법은 다음과 같다.

첫째, 다양한 소재를 마련해 주어 폭넓은 경험을 할 수 있게 해 주어야 할 것이다. 창의성은 결코 무에서 생겨나지 않는다. 유아가 여러 가지 것을 만들 수 있도록 재료를 풍부하게 준비해 두거나, 하나의 소재로 여러 활동을 할 수 있는 기회를 마련해 주면 유아의 마음을 자극하게 되어 창의적인 활동에 대한 의욕이 높아진다.

둘째, 모방과 반복이 중요하다. 왜냐하면 모방이나 반복은 유아의 자발적인 창의적 활동의 발단이 되기 때문이다. 모방한다고 하는 것은 창의적인 활동에 위배되는 것처럼 보일 수 있는데 실제로는 그렇지 않다. 유아는 반사적으로 눈앞에 나타난 동작을 혼자서 모방하여 반복해 보기도 하고 경우에 따라서는 눈앞에 없는 것도 인상적으로 광경을 살려 낼 수 있다. 모범이 되는 동작과 정확히 일치하지 않아도 상관없다. 그 모범이 되는 동작은 유아 안에 동화되고, 모방은 반사적으로 되어 버리고 표상의 영역에 관계하게 되지만 상을 가지고 그것을 표현하는 창의적인 활동에 가깝게 된다고 하는 것이다. 또한 모방은 다른 사람이 하고 있는 것을 흉내 내어 똑같은 만족을 얻을 것이라고 기대하는 동기가 작용하고 있기 때문에 모방은 활동의 실마리가 되며, 창의적인 활동이 생겨날 수 있는 기회가 되기도 한다.

셋째, 격려가 중요한 요인으로 작용한다. 유아가 새롭게 경험하게 되면 적극적으로 주의 집중하여 목표에 도달하려고 노력하기도 하고, 그때 생기는 어려움이나 실패에 좌절하지 않고 스스로 해결을 찾아내기도 하는데 이것들은 결국 창의적인 활동을 생기게 하는 것이다. 인간이 새로운 상황에 부딪혔을 때 주변 세계에 대하는 양식으로는 만족, 도전-탐색, 위협-불안, 좌절이 있다. 이 가운데에서 창의성은 도전-탐색과 관련이 있는데, 왜냐하면 새로운 자극이나 경험에 부딪혀서 도전하고 탐색하는 것은 만족의 경험으로 안내될 것이라고 하는 기대에서 성립하기 때문이다.

idea bank

2. 아동기의 창의성

67 아동의 창의성은 지그재그

아동기에 접어들면 유아기와 달리 말하거나 글로 써서 자신의 생각을 다른 사람에게 전달할 수 있기 때문에 아동기의 창의적인 능력을 평가하는 여러 가지 도구들이 많이 개발되었다. 특히 초등학교에 입학하고 나서는 글짓기나 그림을 통해서 창의성 발현의 기회가 많아지기 때문에 글짓기나 그림 또는 간단한 창의성 검사 등을 사용하여 아이의 창의성이 오래 전부터 연구되어 왔다.

특히 그 가운데 보다 더 조직적이고 대규모로 연구했던 사람은 토랜스이다. 그는 길포드식의 검사에 자기 자신이 개발한 '질문 추량 검사'를 가미한 '미네소타 창의적인 사고 검사'를 사용하여 초등학교 1학년부터 어른에 이르기까지 종단적인 연구를 하였으며 창의성의 발달에 주목한 흥미로운 자료들을 제시해 주었다. 토랜스의 연구 결과 중 특히 주목해야 할 점은, 창의성은 직선적으로 상승하지 않고 몇 번의 저하되는 시기를 갖는 지그재그 곡선을 그리고 있다는 점이다. 그에 따르면 창의성 발달곡선은 **그림 5-1** 창의성 발달곡선과 같다.

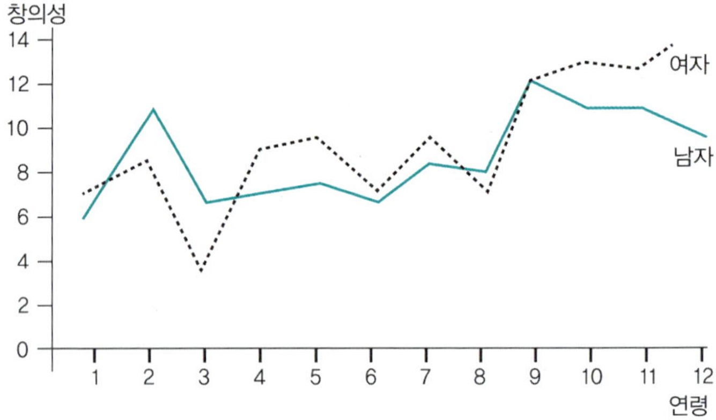

그림 5-1 창의성 발달곡선

일반적으로 창의성 발달곡선은 대부분 **그림 5-1**과 같은 형태를 띠고 있다. 초등학교 1~3학년생은 창의성이 확실히 증가하고, 초등학교 3~4학년 사이에 약간 감소하며, 초등학교 5~6학년에는 회복되고, 초등학교 6학년~중학교 1학년 사이에 다시 저하되다가 그 후 고등학교가 끝날 때까지 성장이라는 경로를 밟고 있다. 초등학교 3학년에서 4학년으로 이동하는 시기에 창의성이 현저하게 저하되고 있는데, 이것은 검사 장면에서뿐만이 아니다. 예를 들면, 토랜스는 시, 이야기, 발명과 같은 것을 학교 신문이나 잡지에 투고하는 숫자가 초등학교 4학년생이 초등학교 3~6학년 사이에 가장 적었다고 보고하고 있다.

idea bank

68 아동기에 나타나는 창의성 저하 현상

아동기의 창의성의 정도는 학년의 변화에 따라 오르다 내리고 내리다 또 오른다. 오르내림의 정확한 원인은 찾기 어렵다. 특히 창의성이 저하되는 현상을 설명하는 이론은 몇 가지를 소개하면 다음과 같다.

첫째, 생리적인 변화와 관련하여 생각해 볼 수 있다. 로울린은 아동기에서 청년기로 이행하는 중학교 1학년 때에 일시적으로 창의성이 저하하고 있음을 주목하였는데, 이것은 사춘기에 생리적인 변화가 나타나면서 그에 따른 갈등이 그 원인이라고 설명하고 있다. 확실히 사춘기가 되면 성적인 성숙이 수반되어 신체적인 에너지가 불안해지고 예전과 같은 활발함이 사라지고 정서적으로도 불안해져서 자기중심적인 고독한 세계로 움츠려 들어버리기 때문이다.

둘째, 초등학교 4학년경이 갱 집단의 시기, 즉 친구들을 조직하여 집단으로 행동하려고 하는 나이가 되면 아동들은 친구들의 기준과 일치하려고 하기 때문에 아이들의 창의성이 저하한다는 것이다. 이 시기가 되면 아동들은 친구들과 똑같은 복장, 똑같은 말을 사용하고, 똑같은 행동, 똑같은 생각을 하려고 하면서 자유로운 사고와 행동 같은 개성적인 것이 점차 희박해지게 된다.

셋째, 이 시기에 창의성 저하의 주요 원인은 많은 교과 내용을 기억하는 데 있다고 하겠다. 이러한 현상은 중학생을 대상으로 한 연구에서도 수험 때문에 주입식 교육이 극심해지는 중학교 3학년생에서도 나타나고 있는데, 결국 창의성은 교육방법에 좌우되고 있다고 하겠다. 창의성이 급격히 저하되는 시기를 주목하여 그 시기에 갖는 여러 종류의 조건을 분석해 나간다면 우리는 창의성을 저해하는 조건이라든지 또는 반대로 창의성을 신장시키기 위해 필요한 배려가 무엇인지 분명히 알 수 있을 것이다.

이상에서와 같이 창의성 저하의 원인으로서 '생리적인 요인', '갱 집단 시기의 기준에 대한 동일화의 요구', '획일성에 대한 사회적인 압력'을 들 수 있는데, 아마도 이러한 요인이 단독적으로가 아니라 상호 중복되어 창의성 발현을 규제하고 있는 것 같다. 그런데 이상과 같은 요인 말고도 잊어서는 안 되는 것이 아동기 이후 논리적인 사고력이 현저하게 발달한다는 점이다.

idea bank

69 아동기의 창의성은 양과 질

토랜스의 연구에서는 초등학교 1학년생부터 6학년까지의 학생을 두 개의 십단, 즉 창의적인 아이디어 개발을 위한 원리를 훈련한 집단과 그렇지 않은 집단으로 나누었다. 여기에서 창의적인 아이디어 개발을 위한 원리란 브레인스토밍의 기본적인 원리인 비판 금지, 자유로움, 많은 양의 아이디어 산출, 결합하여 개선함 등과 같은 것이다. 훈련을 받고 난 다음에 훈련을 받은 집단과 그렇지 않은 집단 모두에게 미네소타식 창의성 검사를 실시하여 양 집단 간의 차이가 있는지를 조사하였다. 게다가 검사 시에 가능한 많은 아이디어를 내도록 교시한 집단과 양보다는 질 좋은 아이디어를 내도록 교시한 집단으로 나누어, 양과 질의 동기 부여의 차이가 어떤 영향이 있는지 알아보려고 하였다. 더 나아가서 경쟁에 의한 동기 부여의 효과를 알아보기 위해서 경쟁 집단과 비경쟁 집단으로 나누었다. 이 실험의 결과는 다음과 같다.

첫째, 전체적으로 볼 때 훈련을 받은 집단이 유창성, 융통성, 독창성 모두에서 우수하였고, 훈련의 효과도 있었다.

둘째, 아이디어의 질과 양에 대한 동기 부여의 차이는 일관되지 않았는데 초등학교 1, 2, 3, 5학년에서는 아이디어의 질을 강조한 집단이 우수하였고, 초등학교 4, 6학년에서는 아이디어의 양을 강조한 집단이 더 우수했다. 주목할 점은 아이디어의 양을 강조한 집단이 보다 더 질적인 아이디어를 내어 양과 질은 상관이 있다고 결론짓고 있다는 점이다. 그런데 토랜스의 연구에서는 초등학교 4, 6학년의 경우 양을 강조한 쪽이 질 좋은 아이디어를 내고 있지만, 질에 상관없이 많은 아이디어 가운데에서 훌륭한 아이디어를 산출하는 경우도 있다는 사실을 지적하고 있다.

셋째, 경쟁이 효과적이라는 점이다. 훈련을 받지 않은 집단의 경우 경쟁 집단이 비경쟁 집단보다도 훌륭한 아이디어를 내고 있다.

idea bank

70 아동의 창의성 이렇게 지도하라

아이의 창의성을 높이기 위해서 교사가 잘 이해하고 유념해야 할 사항에 관해서는 스톤(E. F. Stone)과 토랜스가 주목하였다. 스톤은 창의성에 관한 문헌 가운데에서 초등학교 커리큘럼에 관련이 있는 것과 아이의 성장이나 발달 영역에 관련이 있는 것을 개관하고 요약하여 다음과 같은 15가지 일반적인 원칙을 제시하고 있다. ① 창의성은 사회는 물론 개인에게도 의의가 있으며 초등학교에서 키워지지 않으면 안 된다. ② 모든 아이는 어느 정도까지 창의성을 발현할 수 있다. ③ 창의성은 개인뿐 아니라 개인을 둘러싸고 있는 환경까지도 포함된 복잡한 과정이다. ④ 준비, 활동, 시간, 사고의 융통성이 창의적인 산출을 도와준다. ⑤ 평가가 창의적인 산출의 완성을 도와준다. ⑥ 아이에 따라서 창의성 정도와 그것의 발휘 영역이 서로 다르다. ⑦ 모험적인 태도는 창의성의 특성이다. ⑧ 상상은 창의성의 특징이다. ⑨ 창의성은 모든 교과에서 신장될 수 있다. ⑩ 창의적인 교사는 창의성을 촉진하기 위해서 다양한 학습 원리들을 이용한다. ⑪ 창의적인 교사는 스스로 모범을 보임으로써 창의성을 자극한다. ⑫ 창의적인 교사는 다양한 경험이나 개념이나 기능을 준비한다. ⑬ 창의적인 교사는 민주적인 환경 가운데에서 창의성을 자극한다. ⑭ 창의적인 교사는 결과는 물론이고 과정도 평가한다. ⑮ 창의적인 교사는 창조의 기반을 문제 해결에서 삼는다.

한편 토랜스는 학교교육에서 학생들의 창의적인 사고를 높이기 위해서 교사들이 이해하지 않으면 안 되는 원칙을 다음과 같이 20개 항목으로 정리하고 있다. ① 창의적인 사고에 가치를 두어야 한다. ② 환경의 자극에 보다 더 민감해지도록 해야 한다. ③ 사물이나 아이디어를 조작할 수 있는 용기를 갖도록 도와주어야 한다. ④ 아이디어를 조직적으로 검토하는 방법을 가르쳐 주어야 한다. ⑤ 새로운 아이디어에 관대해져야 한다. ⑥ 고정된 형태를 강요하지 말아야 한다. ⑦ 창의적인 교실 분위기를 만들어 주어야 한다. ⑧ 스스로 자신의 창의성을 가치 있게 여기도록 가르쳐 주어야 한다. ⑨ 친구의 저지 또는 독특함에서 생기는 압박을 피하는 기술을 가르쳐 주어야 한다. ⑩ 창의적인 과정에 관한 정보를 제공해 주어야 한다. ⑪ 걸작에 대한 지나친 존경심을 갖지 않도록 해 주어야 한다. ⑫ 귀찮은 것이지만 끝까지 참고 만들어 낼 수 있게 해야 한다. ⑬ 스스로 학습하는 데 용기를 북돋아 주고 평가해 주어야 한다. ⑭ 창의적인 사고의 필요성을 만들어 내야 한다. ⑮ 창의적인 활동의 시기와 더불어 휴식의 시기도 마련해 주어야 한다. ⑯ 아이디어를 위한 적당한 원천을 만들어 주어야 한다. ⑰ 아이디어를 분명하게 하는 습관을 길러 주어야 한다. ⑱ 단순한 비판이 아닌 건설적인 비판을 신장시켜 주어야 한다. ⑲ 많은 분야에서의 지식 획득에 대한 용기를 북돋아 주어야 한다. ⑳ 모험심이 있는 교사를 양성해야 한다.

idea bank

3. 청소년기의 창의성

71 청소년기의 창의성은 어떻게 발달하는가

청소년기의 창의성은 수행한 일의 결과나 발언에서 추측되기도 하고 검사에 의해 측정되기도 한다. 청년의 젊은 에너지가 진보나 개혁을 위해서 없어서는 안 된다고 여겨지는 것은 그들의 창의성이 청년기에 현저하게 발달된다고 생각하기 때문이다. 그런데 창의성이 생산적으로 발휘되기 위해서는 인격적인 측면의 요소가 담당하는 역할도 적지 않음을 잊지 말아야 한다.

청소년기는 몸과 마음이 급격하게 성장하는 시기로 지적인 능력이 신장되고 사고 조작을 배워 익힘으로써 속도를 필요로 하는 과제 해결, 즉 창의적인 활동에 가장 적절한 시기라고 한다. 청소년기는 감수성이 예민하여 문제도 효과적으로 다루며 일반 사람들이 지나쳐 버릴 수 있는 점을 간과하지도 않는다. 청소년기는 자기 자신의 열정과 감수성을 최대한 대상에게 쏟을 수 있지만 그 이유를 지나치게 우선시하기도 한다. 또한 청년기에는 현실과 유리된 공론을 하기 쉽고, 다른 사람의 의견을 참고하여 자기의 이론을 수정하는 여유가 없으며, 배타적으로 행동하고 직선적이며 단편적이 될 수도 있다. 종종 생산적이어야 하는 에너지가 파괴로 향해지기도 하는데 이것은 청년기의 특질이다. 청소년기는 자아 확대의 시기이기도 하다. 이 시기는 자기를 인식하고, 자기에게 관심을 가지며 다른 사람과 비교하면서 자기를 이해한다. 현실에서는 이것이 권위를 가지고 있는 부모나 교사를 부정하는 것으로 나타나는 경우가 많다. 현실을 부정하는 것은 어떤 의미에서 창의성이 발휘되는 요인이 될 수 있지만 이것이 반드시 효율성과 생산성에 연결된다고 할 수 없는 데에 청년기의 특징과 과제로 간주할 수도 있다.

idea bank

72 게첼즈–잭슨 현상

게첼즈(J. W. Getzels)와 잭슨(P. W. Jackson)은 중학생과 고등학생을 피험자로 하여 창의성을 연구하였다. 그들은 길포드 검사에서 힌트를 얻어서 '동음이의어에 의한 제한 연상', '일상 용품의 다양한 이용법', '숨은 도형', '문제 작성', '우화를 다른 조건에서 완성하는 검사'와 같은 다섯 가지 검사로 창의성을 측정하였다. 그리하여 지능 검사에서는 상위 20%에 속하면서 창의성 검사 성적은 상위에 있는 학생들의 학력이 지능만이 높은 집단보다도 높은 경우가 있음을 제시하였다. 이러한 경향을 소위 '게첼즈–잭슨 현상'이라고 하였다. 그러나 그들은 추가 실험을 통해서 이 현상이 항상 일어나는 것은 아님을 지적하였고, 일반적으로 학력에는 지능의 영향이 강하게 나타나는 것으로 이해해야 할 것임을 주장하고 있다. 그런데 우리는 게첼즈와 잭슨의 연구도 평균 지능이 131이고 표준편차가 15라고 하는 매우 우수한 지능 수준의 집단이었다는 사실을 고려하지 않으면 안 될 것이다. 창의성이 높은 집단은 지능만이 높은 집단에 비해서 정신적인 능력뿐 아니라 가치관이나 관심도가 높고 관심의 정도가 다르고 제법 이질적인 집단이라고 생각된다.

idea bank

73 중 · 고등학생의 창의성 저하 현상의 원인

한 연구에서 중학생에게 지능 검사와 창의성 검사를 실시하여 상관관계(r)를 구해 보았더니 1학년 .59, 2학년 .55, 3학년 .22였다. 이 연구의 결과를 보면서 우리는 학년이 높아질수록 특히 중학교 2학년과 3학년 사이에 상관이 낮은 데 주목할 수 있다. 이러한 결과는 지능이 낮은 학생은 창의성 검사 성적이 나이가 많아지면서 조금 진보하는 데 비해서, 지능이 높은 학생의 창의성 점수는 나이가 많아지면서 정체하는 현상을 나타내고 있다고 할 수 있다. 토랜스에 따르면 중학교 1학년생에서 창의성이 저하되고 있고, 경우에 따라서는 중학교 1학년뿐 아니라 2학년도 해당되는데 이러한 현상은 또 한 번 고교생의 시기에도 나타나고 고등학교 생활을 마칠 때쯤 창의성의 성장이 정체하거나 심지어는 저하되기까지 하였다.

중학교 저학년에서의 창의성 저하는 전통적인 문화가 청년 전기에 커다란 영향을 주고 있기 때문이라고 말할 수 있다. 그들은 많은 발달과제를 갖게 되는데 그 가운데에서도 성 역할, 사회성을 성숙하게 해내려고 노력한다. 그리고 여기에서 문화의 영향, 단순히 영향이라기보다는 문화에 의한 압력을 받게 된다. 해비거스트(Havighurst)에 따르면 청소년기의 발달 과제는 신체의 성숙, 사회의 문화적인 압력, 개인의 가치관 및 향상에 대한 마음을 그 원천으로 삼고 있으며 따라서 필연적으로 청소년기는 문화의 획일적인 특성의 영향을 받고 있다고 말할 수 있다. 중학교 1학년은 아직 미래에 대한 계획에 관심을 나타내지 않고, 이성보다는 모험과 일시적인 활동에 많이 반응한다. 고등학교에 입학할 때는 자기의 행동에 대해서 자신감도 없고, 다른 사람으로부터 멸시당하는 것을 두려워하고, 성공을 기대하기보다는 실패를 피하려고 하는 성향이 현저하다. 그러나 점차로 창의적인 과제를 해결하는 방법을 시도하게 되며 열심히 배우면서 안정감을 찾게 된다.

토랜스는 이상과 같이 창의성 발달곡선에 있어서 정체기의 원인에 관한 대담한 추론을 하고 있다. 그에 따르면 정체의 주요 원인은 문화적인 압력이있다. 토랜스의 이론을 적용한 다른 연구에서는 중학교 1년과 고등학교 3학년 사이에서 신경질적인 데 정체의 원인을 찾고 있다.

idea bank

74 중 · 고등학생의 학력과 창의성

우리는 중·고등학생을 대상으로 하는 창의성 연구에는 많은 어려움이 따르고 있음을 이해하여야 할 것이다. 무엇보다도 창의성의 업적을 정확하게 판단할 수 있는 실제적인 타당성의 기준을 확보하기가 매우 어렵다. 그들은 현재의 시점에서 창의성을 발휘할 것을 요구하지 않고 있으며, 그것은 불가능하다. 그들은 장래를 대비해서 창의성을 키우거나, 창의적인 가능성을 예측하는 단계에 있다. 그들의 일상적인 학습 효과는 학력의 평가로 제시되기 때문에 이것이 반드시 창의성과 직접 관계되지 않고 오히려 지능 지표로서의 요소가 강하다. 마찬가지로 입학시험 성적이 반드시 창의성을 의미하지 않으며, 창의성 검사에서 측정되는 능력이 적어도 입시에서 부정적으로는 작용하지 않음을 나타내고 있는 정도이다. 이미 고등학생에게서 창의성의 이용 가치가 있음을 나타내고 있다고 할 수 있다.

지능지수가 높은 고등학교 3학년의 학급 전원에게 지능 검사와 더불어 창의성 검사를 실시한 연구가 있다. 연구 대상 학교는 일류대학을 목표로 준비하는 학생이 많았지만, 그래도 학교 측에서 대학 입시를 대비하는 교육을 집중적으로 시키지 않았고, 자기의 능력을 충실하게 계발될 수 있도록 운영하고 있었다. 지능과 창의성이 모두 높은 학생 이외에 어느 한쪽의 능력이 높은 학생도 입시에서 좋은 성적을 얻는 경우가 많았다. 이 연구에서는 능력이 높아도 가정환경이 넉넉하지 못한 것과 기본적인 학습 습관이나 기초지식의 부족이 좋은 결과를 얻지 못하는 것을 알 수 있었다. 또한 중학생에게서는 지적인 능력이 높으면 성적을 올릴 수 있었지만 고등학생에게서는 그렇지 않았고, 가정환경, 기본적인 학습 습관,

기초 지식의 부족이 성적을 떨어뜨리고 학습 의욕도 저하시키고 있음을 알 수 있었다. 이상과 같이 창의성 검사에 의해 측정한 고등학생의 창의적인 능력이 학력에 영향을 줄 가능성이 있음을 시사하는 사례를 살펴보았다. 표면적으로는 상관이 없는 것처럼 보일 수 있는 학력과 창의성 간에는 전체적으로 보면 어떤 형태로든 관련이 있는 것처럼 보인다.

idea bank

75 남 · 녀 대학생의 창의성 정도는 차이가 있는가

대학생의 창의성에 성별의 차이가 있음을 증명하기는 어렵지만 관념적으로는 성별의 차이가 있다고 생각하는 것 같다. 즉, 남자 대학생의 창의성이 여자 대학생의 창의성보다 높다는 것이다. 이렇게 여자의 창의성이 남자보다 떨어진다고 하는 확증되지 않은 상태에서 이해되는 이유는, 첫째로 창의성은 아주 실용적인 개념이어서 무의식적으로 사회에서 창의성이 문제가 되는 것은 남성에게만 국한되어 있었고, 창의성이 뛰어난 남성의 사례가 자주 인용되었기 때문이다. 둘째로, 지능과 마찬가지로 여자의 창의성을 열등한 것으로 보는 관념이 전통적으로 자리 잡고 있기 때문이다. 연구 결과에서도 남·녀간의 성별에 따른 창의성의 차이는 쉽게 찾아볼 수 없었다. 오히려 연상 검사에서는 여자의 창의성이 높았는데 그 이유로 남자 대학생은 유머가 있는 대답이나 과학적이니 지식을 사용하여 반응을 하는 데 비해서 여자 대학생은 문학적인 표현이 많았음을 들 수 있다. 대학생의 창의성에서 성별의 차이는 지적 수준의 비슷한 경우에는 더욱더 차이가 없었다.

idea bank

76 대학생의 지능이 창의성에 어떤 영향을 주는가

대학생 가운데에는 지능이 매우 높음에도 불구하고 창의성 검사의 과제에서는 매우 빈약한 성적밖에 올리지 못하는 집단이 있다는 사실은 게첼즈의 연구 이후 잘 알려져 있다. 그들은 대학 입학시험 성적은 매우 높았지만 대학 재학 중의 성적이 반드시 그 지능에 어울릴 정도로 높지는 않았다. 그들에게 일반 상식에 관한 검사를 실시한 결과 수험과 관계 있는 서양사나 문학 등에서는 그다지 나쁘지 않았지만 음악과 같은 수험과 직접적인 관계가 없는 사회

상식에 관해서는 지능은 낮지만 창의성이 높은 집단에 비해 크게 떨어졌다. 심지어 어떤 학생은 입학시험에서는 50명 중 3등을 했고 지능도 높았지만 상식 검사에서는 최하위를 기록하기도 하였다. 창의성 검사의 결과도 매우 낮았고 겨우 유창성 검사에서만 비교적 평균에 근접한 정도였다. 그 자신은 공부를 열심히 했고 많은 시간을 공부에 쏟고 있지만 학습 태도에 있어서 매우 융통성이 없고 앞뒤 생각 없이 무턱대고 했으며 때때로 강박적인 인상을 다른 사람들에게 전해 주고 있었다. 이것은 창의성이 높지 않은 대학생의 특징을 잘 나타내고 있는 것이다.

지능은 그다지 높지 않지만 창의성이 높은 집단의 학생은 대학 입학시험 성적은 그다지 높지 않았지만 지능이 그들과 같은 정도이고 창의성 검사 성적도 그들보다 떨어진 집단보다는 뛰어났다. 창의성만 높은 집단의 특징은 입학 후 성적이 향상되는 데 있으며, 그들의 폭 넓은 지식은 공부는 물론이고 공부 이외의 영역에도 영향을 주고 있었다. 한 연구에 따르면 음악이나 그림과 같은 정서적인 영역에서부터 바둑이나 장기와 같은 취미적인 것, 독서량(단 직접 학습에 관계되는 것을 제외한 것) 등에서 지능만 높은 집단을 압도하고 있었다. 여러 연구에서 창의성이 높은 집단의 특징을 여러 가지 다양하게 제시하고 있는데, 이러한 집단의 특성으로 가장 안정적인 요인은 폭넓은 관심이다.

idea bank

77 대학생의 창의성 발현을 막고 있는 것은 무엇인가

청년기 대학생의 격렬하고 자유롭게 고양되는 감정이 강도와 방향이 적당하다면 예술적인 또는 과학적인 탐구심으로 연결되어 높은 창의성을 자아낼 수 있다. 창의성은 청년기 대학생을 위해서 있는 것 같은 느낌이 들 정도로 이때의 창의성 발현은 중요하다. 하지만 그들의 창의성이 충분히 발휘되지 못하고 있다. 왜 그럴까?

테일러(J. W. Taylor)는 창의적인 사고를 저해하는 조건으로 정신적이고 신체적으로 건강하지 못함, 동기의 약함, 정신적인 나태함, 호기심의 결여, 지나치게 이론적이어서 실용화되기 어려운 피상적인 관찰, 억압적인 예절, 잘못된 에너지 분배, 선입견, 이해한 것을 재구성하는 능력의 약화, 비판 정신, 될 수 있으면 빨리 대상에 명칭을 부여하려는 마음 등을 들고 있다. 청년기 대학생은 급격한 신체 변화로 스스로 당황하기도 하는데 아직 완전한 어른이 될 준비는 되어 있지 않기 때문에 정신적인 긴장이나 심리적인 갈등이 높아지고 정신적으로도 상쾌하지 못하다. 이러한 상태에서는 정신적으로도 피로하다. 또한 신체가 건강하지 못하다는 것은 자기의 신체에 대해서 지나치게 신경질적으로 되는 시기의 청년을 초조하게 만드는 요인으로 작용하기도 한다. 이들은 인생에서 에너지가 가득한 시기라는 것은 새삼 말할 것도 없다. 그러나 이러한 에너지를 일에 쏟지 못하는 경우가 많은데, 이는 사회는 조직화되어 있고 일은 단조로워서 재미가 없기 때문이다. 창의적인 청년은 이것에 저항감을 갖게 되고 정신적으로 위축되어서 활력도 없어지며, 단속적인 파괴 행동에 힘을 쏟아 부어서 중요한 때에 가치 있는 존재로 되어 있기가 어렵다. 지나쳐서 중요한 때에 도움이 되지 못하는 것은 주위에서 자주 보이는 사례일 것이다. 이 시기는 어떤 의미에서 정신적으로 나태한 시기이다. 그렇다고 한다면 청년기의 정신의 신선함이나 활발함을 믿어 온 우리들은 의외라고 생각할지 모르겠다. 청년기는 자칫하면 핑계만 대고 머리를 가지고 관념적으로 행동하기 때문에 종종 나태한 방향으로 발전해 나가서 합리화, 공격, 도피 등과 같은 방어기제를 종종 사용한다.

합리화는 자기 자신이나 다른 사람의 의견을 실행하거나 확실히 하기 전에 또는 여러 해결의 수단을 강구하기 전에 비실제적이고 불가능함을 생각하는 것이다. 청년이 종종 무엇인가를 해야 할 필요를 느끼면서도 결과적으로는 방 안에서 뒹굴고 있는 것은 이러한 심리가 행동으로 나타나고 있다고 말할 수 있다. 공격과 도피로 들어가기 쉬운 사례는 우리들 주변에 무수히 많이 나타난다.

idea bank

4. 성인기와 노년기의 창의성

78 성인기의 창의성은 어떤가

인간은 나이가 들면 정신적인 기능이 굳어져서 새로운 것을 배우기가 점점 어려워진다고 생각하였다. 따라서 나이가 든 성인을 교육하기는 늙은 개에게 재주를 부리라고 하는 것과 같은 헛된 일이라고 생각하였다. 인간으로서 필요한 교육이나 학습은 모두 성인이 되기 이전에 끝내지 못하면 평생 헛된 노력만 하게 된다고 생각한 것이다.

이러한 생각은 오늘날 어른들 사이에서도 강하게 남아 있어서 '나이 들었으니 안 된다'라든지 '젊었을 때 했으면 좋았을 텐데' 등 학습이나 교육에서 체념하는 분위기가 강하게 작용하고 있다. 그렇다면 성인의 교육 또는 학습은 거의 불가능한 것인가? 인간은 나이가 들면 정신적인 기능이 굳어져서 새로운 것을 배우기가 점점 어려워진다고 생각하였다. 따라서 나이가 든 성인을 교육하기는 늙은 개에게 재주를 부리라고 하는 것과 같은 헛된 일이라고 생각하였다. 인간으로서 필요한 교육이나 학습은 모두 성인이 되기 이전에 끝내지 못하면 평생 헛된 노력만 하게 된다고 생각한 것이다. 이러한 생각은 오늘날 어른들 사이에서도 강하게 남아 있어서 '나이 들었으니 안 된다'라든지 '젊었을 때 했으면 좋았을 텐데' 등 학습이나 교육에서 체념하는 분위기가 강하게 작용하고 있다. 그렇다면 성인의 교육 또는 학습은 거의 불가능한 것인가?

손다이크(E. L. Thorndike)는 성인에 대한 수많은 실험을 통해서 "성인은 나이가 들어도 학습 능력을 잃지 않는다"라고 결론을 내렸다. 그에 따르면 성인이 학습에 실패하는 진정한 이유는 그 자신 안에 있는 개인적인 측면과 문화적인 여러 요소가 있어서 이것들이 교육을 방해하는 장해가 되기 때문이다. 개인적인 장해 요인으로는 학습을 방해하는 습관이나 관념, 감정의 성향 등과 같은 것이 있고, 문화적인 장해로는 어른은 이미 학업을 끝냈다고 생각하는 것과 같이 성인이 학교에 간다고 하는 것은 바보취급 당할 가능성이 있으며, 젊은 사람들하고 친구가 되는 성인은 고독감을 맛볼 수 있다고 생각하는 것을 들고 있다. 학업을 마쳤을 나이에 배우는 것은 어딘가 좀 모자란 것은 아닌가라고 생각할지도 모른다. 성인의 학습과 교육을 방해하고 있는 것은 실제로는 이러한 개인적이고 문화적인 환경에서의 여러 요소이며, 성인의 나이 그 자체는 아니라는 것을 손다이크는 확인하였다.

idea bank

79 성인기의 창의성에는 특별한 것이 있다

성인기의 창의성에서 특별히 주목되는 것은 개인차인데, 성인이 되어서 창의성을 발휘할 수 있는 기회가 얼마만큼 주어졌는지가 창의성 산출을 좌우하고 있는 것이다. 다시 말하면 평생 동안 창의적인 학습 활동에 참여하고 있는 사람은 성인이 되어서도 창의적인 능력은 거의 잃어버리지 않으며, 과거의 학습 경험을 살려서 점점 창의적인 면에서 원숙함을 나타내고 있는 것이다. 따라서 학창

시절에는 똑같은 창의적인 능력을 가지고 똑같은 창의적인 활동에 참여하고 있었더라도 졸업 후 거의 창의적인 학습 기회가 주어지지 않는다면 창의적인 능력은 운동 능력과 마찬가지로 퇴화되고 전자와의 격차는 점점 더 벌어지게 된다.

그런데 현대사회를 보면 일반적으로 성인의 학습 기회가 매우 적은데, 이것이 성인의 지능이나 학습 능력을 떨어뜨리는 커다란 원인이기도 하다. 사회 문화적인 문제가 있는 것도 사실이지만 성인이 되면 선입견 때문에 자기의 학습 능력을 과소평가하거나 필요한 노력을 하도록 학습에 대해서 충분한 관심을 갖지 않는 것도 간과할 수 없는 사실로 시석될 수 있다.

idea bank

80 재교육을 통해 성인의 창의성 살리기

오늘날은 성인 재교육의 문제가 세상의 이목을 집중시키고 있다. 특히 보다 더 합리성을 추구하는 기업에서는 적극적으로 기업 내의 교육에 몰두하고 있다. 대학에서도 일반 성인을 대상으로 한 공개강좌 등이 빈번하게 이루어지고 있는데, 아직까지 전체적으로 보면 극히 일부분의 사람만이 이용하고 있는 것에 지나지 않는다. 각종 학교에서도 단순한 기능교육이나 지식 전달을 위한 교육이 아니고 성인만이 갖는 학습 체험을 충분히 살려서 쉽게 전이할 수 있는, 그러면서도 그 비판적인 능력이나 창의성을 적극적으로 자극시키는 커리큘럼이 개발되고 있다.

마일즈(W. R. Miles)의 연구나 존스(H. E. Jones)의 연구 그리고 그 밖의 조사 연구라든지 또는 해비거스트의 연구에 의해서 성인이 60세 또는 70세가 되어서도 여전히 학습 가능성과 효과성이 있다는 사실이 입증되고 있다. 다시 말하면, 교육이나 학습에 관해서는 나이에 상관없이 필요하다고 생각하면 언제든지 곧바로 시작하면 성과가 있다는 것이다. 즉, 각자의 마음가짐이 중요한 것이다. 새로운 것을 만들어 내는 창의적인 사고나 활동에 있어서도 거의 마찬가지이다. 그래서 오스본(A. E. Osborn)은 성 없는 사람은 없으며 또한 그것은 교육이나 나이와는 관계가 없다고 말하고 있다. 작가나 과학자처럼 창의적인 사람의 사례를 조사해 보면 인간의 생산적인 활동이나 창의적인 활동에서 나이가 절대적인 요인이 아니라는 사실은 분명하다. 그러나 그들의 오랜 인생 가운데에서 보다 더 생산적이고 보다 더 창의적으로 활동할 수 있다고 생각할 수 있는 시기는 기준에 의해 또는 활동 영역에 의해 다소 차이가 있음을 알 수 있다.

81 창의성은 노년기에도 여전히 중요하다

우리나라도 이웃 일본처럼 초고령 사회에 진입하고 있다. 초고령 사회에서의 노인은 자기를 보존하기 위한 소비 활동도 독립적으로 영위하지 않으면 안 된다. 문화가 급속하게 변화하고 발전하고 있는 현대에서 소비 활동도 노인에게 많은 창의성을 요구하게 되었다. 이렇게 해서 초고령화 사회의 진행과 더불어 노인의 사회 활동을 묻게 되고 주목해야 하는 과제로서 노인기의 창의성이라고 하겠다. 최근 조금씩 관심이 모아지는 노인의 창의성에 관한 흥미로운 연구 성과도 발표되고는 있지만 다른 연구 분야에 비교해 보면 그 수가 매우 적다. 원래 창의성이라는 말은 발랄한 젊은 두뇌를 연상하게 되며, 더 나아가서 거기에 과학적이고 기술적이라는 말이 첨부되므로 점점 노인과 창의성을 결부시키기는 결코 쉬운 일이 아니다. 그러나 노인기의 창의성은 사회적으로도 또한 노인 자신의 자기 보존을 위해서도 계발되지 않으면 안 된다.

노년기의 창의성을 위해서는 먼저 기존의 창의성에 관한 정의를 재검토할 필요가 있을 것 같다. 과학기술에서 창의적인 사람은 기존의 요소에서부터 새롭게 잘 조합하는 사람이며, 따라서 창조란 새로운 조합이며 창조하는 것은 기존의 요소를 새롭게 조합하는 것이다. 이렇게 볼 때 우리는 창의성에는 과학적인 사고를 동반하는 기술이라고 선언하는 인상을 받게 된다. 물론 이렇게 기술자를 위한 기술적인 창의성을 다룰 수 있는데 그래서인지 창의성에 관한 과학적인 연구는 자연 과학계에서 비롯되었다.

idea bank

창의성을 창의하다

1. 유아들은 어떤 창의적 활동을 하는가?
2. 유아기 창의성에 대한 통념은 어떤 것들이 있는지 토론해 보자.
3. 부모의 유아에 대한 긍정적인 인정은 유아 창의성에 어떤 영향을 줄 수 있는지 각자 발표해 보자.
4. 아동기와 청소년기 및 대학생에게 나타나는 창의성 저하 현상에 대해 서로 토론해 보자.
5. 게첼즈-잭슨 현상을 설명해 보자.
6. 대학생의 지능이 창의성이 성적에 어떤 영향을 주는가?

제4부

창의성을 요리하다

딴 생각이 아이디어를 만든다

1) 무의식과 창조성: 무의식을 이용한 초현실주의 화가 살바드로 달리

① 시끄럽고 목소리가 큰 사람(의식)보다 평소 조용한 친구(무의식)가 놀라운 아이디어를 내놓을 수 있지만 그 목소리를 듣기가 어렵다.

② 살바드로 달리는 바닥에 거울을 놓고 한 손에 숟가락 끝을 거울 가장자리에 대고 낮잠을 자다 숟가락을 놓치는 순간 숟가락과 거울이 부딪치면 벌떡 일어나 반쯤 잠들었을 때 반의식 상태에서 막 떠오른 기묘한 이미지를 재빨리 스케치했다.

2) 의식을 한 눈 팔게 하면 창조성이 발휘될까: 파스타 이름 독창적으로 짓기

① 한 팀에게는 3분 동안 생각한 다음 짓게 하고 다른 팀에게는 파스타를 잊어버리고 3분 동안 컴퓨터화면에서 움직이는 점을 추적하다가 그 색깔이 바뀔 때마다 스페이스 바를 누르게 했다. 이 일은 시끄러운 친구(의식)의 관심을 딴 데로 돌림으로써 조용한 친구(무의식)에게 발언할 기회를 주기 위한 것이다.

② 그 결과 '점을 추적하는' 조건에 있었던 실험 참여자들은 화면에서 이리저리 움직임을 추적하는 데 온 관심과 정신적 노력을 쏟아 부었다.

③ 그러나 그들의 무의식 마음은 당면한 과제 해결에 매달리고 있었던 것이다.

④ 진정한 창조성은 의식의 관심을 딴 데로 돌림으로써 무의식에서 일어나는 중요하고도 혁신적인 사고를 이끌어낼 때 나온다.

⑤ 아이들이 딴 짓을 하며, 멍 때리고 있는 것도 창의성 발휘의 기회로 봐야 한다.

제6장
창의성의 연구

1. 창의성의 연구방법

82 창의성 연구는 왜 필요한가

교육에서 보면 문화의 창조는 문화의 계승과 함께 교육의 주요 기능이며, 창의성 계발은 교육의 기능으로 결코 무시할 수 없는 것이다. 창의성 교육은 많은 사람들에 의해 강조되고 있지만 대학 입시 중심의 수험 체제의 열기가 뜨거운 지금 그것에 쉽게 접근할 수 없는 것 같다.

그러나 세계는 과학기술로 경쟁하고 있고 그에 따라 창의성 계발을 중시하고 있다. 이러한 사회적인 요청에 힘입어 창의성 연구의 필요성은 더욱 커져 가고 여기에서는 학문의 입장에서 다음과 같은 중요한 문제점을 제기하지 않을 수 없다. 첫째, 머리가 좋다는 것은 지능만으로는 해명될 수 없음을 인식하게 되었다는 점이다. 비록 지능이 우수해도 사회적이고 학문적인 업적이 뛰어나지 못하는 경우가 얼마든지 있다. 또한 창의적인 사고는 지능만으로는 충분히 설명되지 않는다. 둘째, 교육에 의해 키워진 지적인 우수자가 실제의 사회에서는 별 도움이 못 되는 경우가 허다하다는 점이다. 셋째, 교육에 의해 주로 논리적인 사고가 키워져도 창의적인 사고는 충분히 신장되고 있지 않다는 점이다.

현재 우리나라에서는 창의성 계발이 사회로부터 강력하게 요청되고 있지만 그 기초적인 연구가 충분히 이루어졌다고 할 수 없다. 예를 들면 창의성의 정의는 각 연구자마다 서로 달라 통일적으로 정해져 있는 것도 없으며, 또한 창의적인 과정도 아직 잘 알려지지 않는 것이 많으며, 창의성 계발의 방법도 미흡하다. 게다가 과학기술이나 예술은 각 영역에 따라 창의성에 공통적인 면과 그렇지 못한 면이 있기에 하나로 정리하여야 할 필요도 있다. 창의성 연구는 역사적으로 보면 이미 기원전 인간에 대해 행해진 철학적 연구에까지 거슬러 올라갈 수 있으며, 그 후 철학이나 심리학 기타 전문적인 영역에서 많은 연구가 이루어지고 있었다. 그런데 창의성만을 전문적이고 집중적으로 연구하기 시작한 것은 1950년경 길포드를 중심으로 요인 분석적인 연구가 행해지게 되면서부터이다.

창의성 문제는 그 영이 넓고 복잡하기 때문에 단순히 하나의 학문에서 다루어질 성격의 것이 아니다. 심리학, 사회학, 교육학, 철학, 미학, 문화인류학, 경제학, 경영학, 생리학, 정신의학, 공학 등의 전문 분야의 연구자들이 공동으로 연구하지 않으면 안 되는 것이다. 또한 창의성이라고 해도 그 사람의 활동 영역에 따라서 차이가 나기 때문에 과학자나 예술가 및 기타 분야의 전문가의 협력도 필요하다.

83 창의성 연구의 방향은 어디인가

창의성의 기초 이론에 관한 연구들을 보면, 창의성은 무엇인가라고 하는 창의성의 개념과 정의를 검토하고 있다. 창의성의 개념 정의는 창의성 연구의 시작이면서 또한 끝이기도 하며, 창의성을 연구하는 동안 끊임없이 검토되어야 하는 것이다. 창의성의 개념 정의와 관련된 구체적인 것으로는 지능과 창의성, 인격적인 특성과 창의성, 성별에 따른 창의성의 차이, 창의성의 발달과 같은 주제로서 다루어지고 있다.

창의성 검사에 관한 연구에 따르면 창의성은 연령과 함께 높아지지만 초등학교 4학년과 중학교의 시기에 하강하는 경향이 나타나고 있으며, 고등학교 때는 창의성 발달이 정체되고 있다. 그렇다면 우리는 이러한 창의성의 하락과 정체의 원인이 어디에 있는지 규명할 필요가 있다. 또한 창의성이 발휘되기 어려운 시기라고 생각되는 3세 이전의 아이 및 성인기와 노인기의 창의성의 특질에 관한 연구도 중요하다. 창의성은 종사하는 직업이나 학문 영역에 따라 각각 독특한 측면이 있음을 감안하여 과학의 사실이나 법칙의 발견, 기술의 발명, 예술의 창작, 사상, 임상, 경영, 종교, 광고에서 창의성의 개념에 대해 검토하여 그 공통점과 차이점을 명백하게 해 나가는 것도 결코 빠뜨려서는 안 된다.

idea bank

84 창의성을 연구하는 방법은 어떤 것이 있는가

우리는 창의성을 알기 위해서 창의적인 사람을 연구하기도 한다. 다시 말하면 창의성이 뛰어났던 사람 또는 현재 창의적인 사람에 대해 상세하게 연구하는 데 저명한 과학자, 예술가들을 관찰법, 면접법, 질문지법, 전기, 사례연구법을 사용하여 연구한다. 관찰법은 창의적인 사람의 행동을 자연스러운 상황에서 관찰하는 것이며, 면접법은 창의적인 사람을 직접 면접하여 창조 과정에 관한 자료를 얻는 것이다. 질문지법은 창의성을 인격적인 특성의 측면에서 질문지를 작성하여 자료를 얻는 것이다. 전기는 창의적인 사람의 전기와 자서전을 분석하여 그 창조 과정 및 창의성의 심리적이고 문화적인 요인을 연구하는 것이며, 사례연구법은 창의적인 사람의 생활사를 자세하게 조사하여 창의성의 출현 과정을 해명한다. 창의적인 사람에 관한 연구로는 바론의 작가 연구, 맥키논(D. W. Mackinon)에 의한 건축가의 연구, 헬슨(R. Helson)의 수학자에 대한 연구, 김경태의 「위인들의 창의적 사고와 행동사례지도가 창의성 신장에 미치는 효과」가 있다. 창의적인 사람에 관해 연구하기 위해서는 전문적인 지식이나 경험을 필요로 하므로, 이러한 측면의 지식이나 경험을 습득해야 하며 더 나아가서 각 분야의 전문가에게 많은 도움을 구해야 할 것이다.

idea bank

85 창의성 연구의 소재는 얼마나 다양한가

창의성 연구에서 창조 과정에 관한 연구도 소홀히 할 수는 없는데, 이것은 창조 과정과 창의성이 출현하는 조건을 규명하는 것이다.

이러한 연구에서는 사고에 관한 실험 연구가 행해져야 할 것이며, 종래 연구되어 온 논리적인 또는 분석적인 사고와 관련하여 창의적인 사고의 연구가 이루어져야 할 것이다.

첫째, 창의성 연구에서 창의성과 정신병과의 관계에 관해서 살펴보아야 할 것이다. 창조 활동은 정신병과 어떠한 관계가 있는가? 창조 활동은 정신병의 상태에서 일어날 수 있는가? 아니면 창조 과정은 정신병적인 심리 상태와 관계없는 것인가? 등 창의성과 심리적인 건강과의 관계를 연구하는 것이다.

둘째, 창조 과정에서 무의식적인 측면을 규명하는 것도 필요한데, 그러기 위해서는 정신분석학이나 정신의학으로부터의 접근이 이루어져야 할 것이다. 창조 과정의 연구는 주로 예술 분야와 과학 분야가 많은데, 이러한 특정 분야에 국한되어서가 아니라 일반적인 의미에서부터 창조 과정을 해명해 나아가는 것도 흥미로울 것 같다.

셋째, 의사소통과 창의성 계발은 깊은 관계가 있다. 왜냐하면 의사소통에는 자기의 생각을 언어로 표현하는 가운데 자기의 환경을 만들어 내는 작용이 있기 때문에 의사소통은 창의성 계발에 좋은 기회라고 할 수 있다.

넷째, 창조 과정에서 영감이 중요하므로 문학 창작 과정을 문장(유전 정보) 심리학의 입장에서 해명하여 연구할 수도 있다.

다섯째, 창의성 연구에서는 창의성 계발 기법을 연구하기도 한다. 창의성 계발은 창의성을 발견하는 것만큼 중요하여 사회적으로도 그것을 강력하게 요청하고 있다. 그래서 창의성 계발 기법을 연구하려는 시도는 제법 이루어지고 있기는 하나, 이론적 또는 실증적인 연구는 아직 충분하다고 할 수 없다. 종래 개발되어 있는 것들 창의성의 계발 기법과 창의적인 인격 형성 기법으로 나누어 볼 수 있다. 전자는 일반적으로 아이디어를 산출하는 방법으로 브레인스토밍, 씨네틱스, 수평적인 사고 등이 있으며, 후자는 임상심리학적인 방법으로 상담, 심리치료법, 역할극, 심리적인 건강과 최면법과 선이나 요가 등이 있다.

여섯째, 창의성 연구는 창의성 계발을 촉진하는 조건과 저해하는 조건을 연구하기도 한다. 이는 창의성 계발을 촉진하는 조건은 무엇이며 그것을 저해하는 조건은 무엇인지를 연구하는 것이다. 즉, 창의성 계발을 위한 환경은 어떻게 구성하면 좋은지 또는 창의성 계발을 위해서 창의성을 저해하고 있는 개인적이고 사회적인 조건이 무엇인지를 알아내는 연구이다. 왜 창의성 계발을 촉진하기도 저해하기도 하는지, 그들 조건에는 어떠한 것이 있는지의 문제는 창의성 연구의 기본 문제이며, 이것을 해명하면 창의성 계발에 도움이 된다.

idea bank

2. 창의성의 측정과 문제점

86 창의성 검사에서 측정하는 것은 무엇인가

창의성 검사를 할 때 중요한 것은 타당성의 검토일 것이다. 타당성을 검토하기 위한 기준이 필요한데 창의성 검사의 경우 지능 검사와 비교해서 타당한 기준을 찾아내기가 어렵다. 예를 들면, 창의적인 일을 하고 있는 사람의 업적을 기준으로 삼을 수도 있겠지만, 그 기준은 아이가 학교나 가정에서의 창조 활동의 기준으로 삼기에는 적절하지 못하다. 이 점에서 볼 때 토랜스가 제안하고 있는 다음의 체크리스트를 참고하면 된다.

① 깊게 듣고 관찰하여 행동한다. ② 말하기나 쓰기에 유추를 사용한다. ③ 신체를 사용하여 일기, 쓰기, 그리기를 한다. ④ 교사의 문장을 완성시키기 위해서 큰 소리로 읽으려는 성향이 있다. ⑤ 권위 있는 생각에 도전하는 성향이 있다. ⑥ 여러 요인들을 조합하는 습관이 있다. ⑦ 사물을 정밀하게 보는 성향이 있다. ⑧ 발견해 낸 것을 다른 사람에게 말하고 싶어 한다. ⑨ 끝나는 벨이 울려도 창의적인 일을 계속한다. ⑩ 사물 간의 관계를 발견하여 표시하는 성향이 있다. ⑪ 학교에서 배운 것을 집에서는 물론이고 어느 곳에서도 적용해 보려고 한다. ⑫ 호기심을 나타낸다. ⑬ 스스로 실험이나 발견학습을 한다. ⑭ 발견에 흥분하면서 목소리를 높인다. ⑮ 결과를 예상하거나 정확함을 확인하려는 습관이 있다. ⑯ 성실하

게 진리를 열심히 탐구한다. ⑰ 다른 곳에 주의를 쏟는 경우가 적다. ⑱ 사물이나 생각을 새롭게 결합시켜 본다. ⑲ 시간에 구애받지 않는 성향이 있다. ⑳ 예리한 관찰과 질문을 한다. ㉑ 스스로 학습에서의 연구 과제를 정한다. ㉒ 다른 방법을 찾아보고 그 가능성을 탐색하는 성향이 있다. ㉓ 스스로 새로운 아이디어를 내면서 노는 성향이 있다.

idea bank

87 창의성과 지능, 서로 어떤 관계인가

연구에 따르면 일반적으로 창의성과 지능은 연령이 낮거나 초등학교 저학년에서는 그 관계가 깊지만, 고학년이 되고 중학생이 되면서 그 관계는 점차 엷어지는 것으로 나타났다. 또한 일정 지능수준(지능지수 120) 이상에서는 그 분화가 현저해지는 경향이 인정되고 있다. 앞에서도 언급했듯이 창의성 검사는 지능 검사가 간과하고 있는 지성의 다른 측면을 측정하려고 하고 있기 때문에 지능 검사와 병행하여 그 관계를 이해하여야 할 것이다. 지능이 높은 학생 가운데에서 창의성이 높은 학생이 차지하는 비율이 학년이 높아질수록 감소하고 중학교 3학년에서 급격하게 저하되고 있다. 그 이유에 대해 많은 사람들이 수험 때문에 익숙한 기억 중심의 학습태도 영향에서 찾고 있다.

일반적으로 지능이 낮은 경우는 창의성과 지능의 상관은 높지만 지능지수가 120 이상에서는 상관이 낮아지고 있다. 즉 지능이 높다고 하여 반드시 창의성도 높은 것은 아니라는 것이다. 한편 가정에서 부모의 교육열이 높고 아이에게 지나치게 기대하거나 학교에서 수험 공부를 집중적으로 실시할 경우 아이는 고지능형으로 되는 경향이 있다. 그런데 지능에 편향된 아이는 창의성과 의욕이 결여되고 사회에 나가서도 창의적이지 못할 우려가 있으며, 창의성에 편향된 아이는 스스로 반성하거나 협동심이 모자라는 경우에 따라서는 비행으로 나갈 위험도 있다. 아무튼 지능과 창의성이 지나치게 편향되면 그것도 커다란 문제이기 때문에 양자 간의 균형을 이룰 수 있도록 하는 데 주목해야 한다.

일반적으로 지적인 우수아라고 하면 지능이 높은 아이를 가리키게 되는데 그러면 자칫 창의적인 아이를 간과해 버릴 수도 있다. 그러한 견지에서 창의적이면서 지능이 높은 아이를 정말로 우수아라고 말해야 할 것이다. 따라서 초등학교와 중학교 시기에는 지능검사로 지적인 우수아를 찾아낼 수 있지만, 일정 지능 수준 이상에서는 지능이 높다고 반드시 지적인 우수아의 정도를 나타낸다고 할 수 없다. 이럴 때는 창의성을 고려하지 않으면 안 되는 것이다.

88 교과 공부를 통한 창의성은 향상 가능한가

창의성은 지능에 비해서 정의적인 성향이 강하므로 창의성을 언급하는 가운데에서 인격적인 측면을 무시할 수 없다. 초등학교 5학년 학생을 대상으로 창의성과 인격 간의 상관을 연구한 결과에 따르면 자주성, 책임감, 향상되려고 하는 마음, 지도력, 솔선수범이 다른 항목에 비해 상관이 높았다. 또한 중학교 3학년생 198명을 대상으로 한 연구에서는 지능과 창의성이 모두 높은 집단은 정서가 안정되고 적극적인데 비해서 지능과 창의성이 모두 낮은 집단은 정서가 불안했고 소극적이었다.

그렇다면 교과가 창의적인 인격을 형성하는 데 어떤 영향을 주는지 검토해 볼 필요가 있다. 이에 대해서 초등학교 6학년 학생을 대상으로 국어, 과학, 미술 교과가 창의적인 인격에 어떤 영향을 주는지 알 수 있는 연구가 있다. 이 연구에 따르면 국어, 과학, 미술 교과와 모험심이 부적 상관을 나타내고 있어서 창의적인 인격 형성을 위해서 특정 교과가 상관이 높다고 해석하기 어렵게 만들었다. 특히 모험심에서 점수가 높은 학생의 과학 성적이 낮은 것으로 나타나고 있는데 이 결과를 놓고 우리는 과학 교과의 특성상 모험심이 강한 것은 높은 학업 성취를 얻기에는 부적절하기 때문이라고 해석할 수 있다.

한편 초등학교 학생을 대상으로 상가 지역, 공장 지역, 주택 지역의 학교를 선정하여 창의성을 검사한 결과 주택 지역, 상가 지역, 공장 지역의 순으로 창의성이 높았다. 따라서 문화나 자연 환경에 따라서 아이가 자유롭게 활동할 수 있는 환경이 창의성 발달에 좋다고 추측할 수 있다.

idea bank

3. 창의성과 학교교육

89 우리나라 학교에서 창의성 교육은 어떻게 이루어지고 있나

우리나라의 「교육기본법」 제9조의 ③에서는 "학교교육은 학생의 창의성 계발 및 인성의 함양을 포함한 전인적 교육을 중시하여 이루어져야 한다"고 규정하고 있어서 학교교육에서 학생의 창의성을 강조하고 있음을 알 수 있다. 해방 후 지금까지 줄곧 우리나라의 학교교육은 교과를 기초적인 능력, 문제 해결의 능력, 창의적인 표현 능력의 세 측면으로 나누어 각 능력을 골고루 계발하는데 주력해 왔다. 예술적인 교과에 있어서 창의성에 의해 개방적인 효과를 담당할 수 있도록 시도하여 왔고, 물론 지적인 교과와의 조화도 강조하여 왔다. 특히 문제해결학습의 강조는 아이의 자주적이고 자발적인 학습을 기대한다고 하는 의미에서 어른이나 교사들에 의한 위에서부터의 교수라고 하는 억압에 반대하는 개방적인 기능을 가지고 있으며, 창의성 교육의 일익을 담당하고 있는 것이라고 생각할 수 있다.

우리나라의 학교교육에서 창의성 이론적인 과제로서 논하는 것은 비교적 쉬운 일일지 모르지만 현실은 꽤 비관적이다. 창의성을 완전히 부정하지는 못하면서 계통학습을 주장하는 사람들의 선의에도 불구하고 수험 체제라든지 시험 성적을 중심으로 이루어지는 교육에서는 지식이나 법칙의 이해조차 제대로 이루어지지 못하여 불완전하게 되고, 지식이나 법칙의 언어주의에 의한 공허한 기억만이 횡행하고 있다. 그리하여 지적인 교과뿐만 아니라 예술 교과까지 적지 않게 피해를 입고 있다.

이렇게 해서 학교교육 전체가 창의성에 절대 필요한 개방성은 완전히 상실된 채 억압의 기구로서 되어 있는 것이다. 다시 말하면 창의성 교육은 완전히 부재라고 할 수 있다. 학교교육의 결과 창의성은 고갈되고 학교는 조직적인 억압 기구로 되어 버렸다고 해도 과언이 아니다.

사실 어찌 보면 우리나라의 학교교육은 창의성 교육을 강조하기 이전에 학교교육의 정상화에 대한 노력이 이루어져야 하는데 그것은 현재 높은 벽에 부딪혀 있다. 교육과정이 계통성이라는 이름 아래 지나칠 정도로 정선된 교육내용과 지도 내용을 집약하고 있으며, 교육방법에 있어서도 창의적인 사고를 위한 연구의 흔적은 어디에서도 찾아볼 수 없다.

idea bank

제7장

창의성 계발 기법

1. 창의성 계발의 의미

90 창의성 계발은 인간 본질에 눈을 뜨게 하는 일이다

교육의 궁극적인 목표는 자기 자신이 가지고 있는 미지의 생명을 이해하고 발전시켜 나가는 것이다. 창의성 계발이 새로운 것을 생산하는 개념만이 아니라 자기 자신이 가지고 있는 가능성을 펼쳐 나가는 인간의 본질에 눈을 떠가는 작용이라면 창의성 계발과 교육의 목표는 결국은 어느 연장선에서 일치된다. 창의성을 계발하기 위해 먼저 먼저 아이들의 의욕을 키워줄 필요가 있다.

창의성의 바탕에는 자발성 또는 의욕이 있으므로, 의욕을 북돋아 주는 것은 창의성 계발과 깊은 관련을 맺고 있다. 의욕이란 무엇인가를 하려고 하는 의지로서 우리는 행동의 동기로서 이해할 수 있다. 물론 의욕이 동기로서 작용하기는 하지만 창의성의 목적으로도 다루어질 수 있는데, 스스로가 아동 자신의 가능성을 열려고 하는 의욕을 키운다고 하는 생각을 가져야 한다. 그래야 창의성이 계발된다. 의욕은 발현하는 형식을 취하고 있으며, 그것을 오랜 시간에 걸쳐서 다듬어 나가면 자연스럽게 개성화된다. 개성은 개인을 독자적인 존재로 특징짓는다. 각자의 개성을 형성한다고 하는 것은 이미 인간적인 가치를 인정하고 가치 있는 것을 하려고 하는 의욕이 있는 것이다. 즉, 의욕적으로 개성을 만들어 나아가는 동기는 인격을 인정하는 데 있으며, 이것은 인격적인 가치의 계발과 연결되어 있다. 인격적인 가치의 계발과 더불어 문화적인 가치의 계발도 중요하다. 문화적인 가치 계발의 시작은 과거의 문화유산을 창의적으로 습득해 나아가는 가운데 문화가 갖는 여러 가지 가치를 발견하게 되고, 아동의 인격 안에 효과적인 가치 체계를 형성하게 되는 데 있다. 효과적인 가치 체계라고 하는 것은 습득한 가치를 만들어 내는 것을 뜻한다. 이렇게 의욕과 개성 그리고 문화가 서로 유기적인 관련 아래서 하나가 되어 가치 있는 것을 실현해 나가는 과정이 바로 창조의 과정이고 교육의 과정이다.

idea bank

2. 창의성 계발 기법

91 탐구학습을 통한 창의성 계발

창의적인 교육은 단순히 지적으로 이해하고 암기하는 과정으로서만 다루어질 수는 없고 학습자가 스스로 발견하고 탐구해 나아가는 과정으로 다루어져야 할 것이다. 그렇다면 창의적인 교육에 있어서 탐구란 무엇인가? 듀이(Dewey)에 따르면 탐구는 불확실한 상황을 확실한 상황으로 변화시키는 것이며 불확실한 상황이라는 것은 불확실함을 의심하는 여러 가지 의문이 있는 상황이다. 이러한 듀이의 탐구라는 말의 의미를 생각할 때 우리는 의문과 문제해결이란 말을 쉽게 떠올릴 수 있다. 탐구와 의문은 어느 측면에서 보면 유사한 부분이 있는 것 같은데 왜냐하면 우리는 의문을 가질 때 탐구를 시작하기 때문이다. 즉, 의문에 대한 대답을 추구할 수 있을 때에 탐구하며, 탐구한 결과 확정된 상황은 문제 해결을 위한 결정을 의미하며 거기에는 의심이 가는 상황을 관찰에 의해서 또는 그것을 분석하여 해결하려고 추론하며, 그렇게 해서 궁극적으로 문제를 해결하는 것에 의해서 탐구가 완성되기 때문이다. 따라서 탐구는 추론이라고 하는 두 가지 활동이 협동하여 이루어지는 것이다. 탐구와 문제 해결은 모두 추론 작용을 중시하는데, 추론의 목적은 근거와 관련성을 발견하는 것이다.

실제로 과학 발달의 역사를 보면 가장 혁신적이고 창의적인 아이디어의 대부분은 문제를 찾아내는 데에서 출발하였다는 것을 알 수 있다. 뉴턴이 나무에서 사과가 떨어지는 것을 보고 만유인력의 법칙을 발견한 것이나, 제임스 와트가 난로 위의 끓고 있는 물 주전자를 보고 증기기관의 원리를 생각해 낸 것들은 단순한 자연 현상에서 문제를 이끌어 낼 수 있는 능력이 탐구 과정에서 얼마나 중요한 요소인가를 말해 준다. 다시 말해서 문제가 이미 주어져 있는 것을 인식하는 것이 아니라 어떤 현상 또는 기초적인 자료로부터 문제를 만들어 내는 능력이 탐구학습의 중요한 요소라는 점이다.

idea bank

92 무한의 자유와 긍정 그리고 존중이 창의성을 향상시킨다

미국 광고회사의 알렉스 F. 오즈번 (Alex F. Osbor)의 저서 「독창력을 신장하라」(1953)를 통해 널리 소개된 브레인스토밍(brainstorming)은 창의성 계발 기법으로서 가장 일반적으로 사용되고 있다. 이것은 오스본이 새롭고 기발한 아이디어를 쉽게 내기 위해서 주장한 집단 발상 기법 가운데 하나이다. 브레인스토밍은 일체의 권위나 고정관념을 배제하고 수용적이면서 온화한 분위기에서 집단토론 구성원은 누구든지 자유롭게 생각한 것을 무엇이든 말하고, 그렇게 하는 가운데에서 아이디어를 얻어 내고 그것을 더욱 더 구체적인 아이디어로 다듬어 제시하려고 하는 것이다. 토론에 참여하는 사람 수는 지도자 1명, 구성원 10~30명으로 10~20분씩의 아이디어 회의를 한다. 중간중간에 5~10분간의 휴식을 취하면서 3~5회 반복해서 이루어지는데 대체로 1~2시간 동안에 100여 개의 새롭고 재미있는 아이디어를 산출하는 매우 생산적인 방법이다. 브레인스토밍은 상상력과 확산적인 사고를 기르는 데 적합한데, 이 방법이 종래의 토의법과 다른 점은 참가자가 개인으로서가 아니라 집단으로서 아이디어를 산출한다는 점이다. 즉, 참가자들이 아이디어는 공동 작업의 결과라고 생각하는 것이다.

브레인스토밍에는 다음과 같은 간단한 규칙이 있다. 첫째, 비판을 금지한다는 규칙이다. 참여자가 아이디어를 산출하면 곧바로 그것의 좋고 나쁨을 비판하지 않는다. 나중에 산출된 아이디어를 평가할 때까지 그의 아이디어를 절대로 평가하지도 비판하지도 간섭하지도 않는다. 둘째, 자유로움을 존중한다는 규칙이다. 자유로울수록 좋다는 것이며 되도록 누구에게도 구속받지 않고 자유롭게 아이디어를 산출한다는 것이다. 셋째, 양적인 산출을 존중한다는 규칙이다. 되도록 많은 아이디어를 산출하도록 장려하며 아이디어의 질에 관계없이 많은 양의 아이디어를 만들어 내는 것이다. 아이디어의 양이 많으면 많을수록 그 가운데 질이 좋은 아이디어가 들어 있을 가능성이 커진다. 넷째, 결합하여 개선하는 것을 강조한다는 규칙이다. 그렇게 하는 가운데 자기와 다른 사람의 아이디어를 조합하여서 더 나은 아이디어로 발전시켜 나아갈 수 있다. 창조는 이미 알고 있는 상이한 요소들을 새롭게 조합하는 데 있다고도 생각할 수 있다. 이러한 규칙에 따르는 브레인스토밍은 아이디어를 짜내기보다는 오히려 아이디어가 떠오르기 쉬운 조건을 만들어 주는 것을 중시한다. 따라서 브레인스토밍에서는 머리 회전을 좋게 하기 위해서 그것을 억제하는 조건을 제거하려고 하며 더 나아가서 그렇게 하는 가운데 아이디어를 산출할 뿐 아니라 참가자들의 인간관계를 좋게 하여 자발성과 창의성은 물론이고 협동심을 높일 수 있게 하는 것이다.

idea bank

93 아무 관련 없는 것끼리 짝짓기

씨네틱스(synetics)는 고든(William J. Gordon)이 개발하였는데 이 말은 그리스어에서 유래한 것으로 '서로 달라서 언뜻 보기에 관련이 없는 요소를 결합한다'고 하는 뜻이다. 즉, 서로 다른 요소를 결합시킴으로써 새로운 것을 창조해 내는 기법이다. 창의적으로 문제를 분석하고 여러 가지 다른 관점이 형성되는 것을 돕기 위해 씨네틱스를 많이 활용한다. 씨네틱스는 특별한 준비가 필요하지 않고 다만 아이디어를 기록할 종이나 칠판만 준비하면 된다. 제일 먼저 문제를 규정하고, 모두가 볼 수 있도록 칠판에 적어 놓는다. 그 다음에는 대체로 교사의 지도로 전체 학급 단위로 또는 소집단 단위로 아이디어를 내는 작업이 진행된다.

씨네틱스는 직관적인 사고를 훈련하는 데 매우 도움이 되며 그것은 혼자서도 할 수 있지만 집단에서 하는 것이 효과적이다. 여러 종류의 경험을 가진 사람들 가운데에서 풍부한 지식과 경험을 이용할 수 있기 때문이며, 집단이 개인의 행동에 동기를 부여할 수 있기 때문이다. 집단 구성원의 수는 대개 5~6명 정도가 적절한데 씨네틱스에서 집단을 구성하는 데 있어서 다음과 같은 열 가지의 선택 기준이 있다.

첫째, 서로 다른 분야의 사람을 선택하여 구성한다. 서로 다른 분야에서 일하는 사람은 오히려 서로 이해하기 쉽고 협동심도 잘 발휘한다. 그러므로 연구부, 기술부, 생산부, 마케팅부, 영업부, 경리부에서 일하면서 다른 전문 분야에도 관심을 갖고 있는 사람으로 집단을 구성하는 것이 좋다.

둘째, 일에 대해서 적극적이고 활력이 넘치는 사람을 선택하여 구성한다.

셋째, 나이는 대략 25~40세의 사람을 선택하여 구성한다. 과학기술의 측면에서 매우 독창적인 활동을 할 수 있는 나이는 25세~40세 정도인데, 이 연령에서는 어느 정도의 경험을 가지고 몸과 마음이 경직되어 있지 않아서 새로운 경험을 받아들이는 데도 유연하다.

넷째, 폭넓은 경험을 한 사람을 선택하여 구성한다. 여러 방면의 일을 해봐서 경험이 풍부한 사람, 전공을 바꾼 사람, 즉 물리학을 하고 생물학을 한 사람을 선택하여 구성하는 것이 좋은데 이런 사람들은 창의적인 유추를 끌어내기 쉽다.

다섯째, 유추하는 능력이 있는 사람을 선택하여 구성한다. 유추능력이 어떤 것인지 예를 들어 보면 다음과 같다. 한 물리학자가 아들과 함께 낚시하러 갔다. 아들이 "물고기는 물속에서 사물을 어떻게 볼까요?"라고 물었다. 그렇게 하고 나서 아들은 낚싯대에 낚싯밥을 매달고 있는 아버지의 모습이 비친 물을 들여다 보았다. 그러자 마치 물고기가 된 것처럼 그것을 알 수 있게 되었다고 한다. 이렇게 아이의 말에 귀를 기울여 보면 우리는 물고기의 시각이라고 하는 언뜻 보기에 관련이 없는 것에 몰입하는 능력을 가지고 있음을 알게 된다. 이 경우에 아이는 물고기의 시각을 물속에 들어가 확인해 보려고 하는 실험 의욕을 나타내고 있고, 또한 자기 자신을 물고기라고 생각하는 인격적인 유추를 하고 있는 것이다.

여섯째, 도와주려는 태도를 지닌 사람을 선택하여 구성한다. 지도자는 씨네틱스 구성원 후보자와 야외로 나가서 도와주는 태도를 살펴볼 수 있다. 사람들과 함께 야외로 나갔을 때 다음과 같은 세 가지 유형의 사람을 만나게 된다. 그저 가만히 앉아서 바라보고 있는 사람, 무엇을 해야 하느냐고 묻는 사람, 무엇인가 필요한 일을 찾아 하는 사람이다. 이 가운데에서 세 번째 사람이 씨네틱스 구성원으로 가장 바람직한 사람이다.

일곱째, 요령이 있는 사람을 선택하여 구성한다. 요령이 곧바로 창의성이라고 할 수는 없지만 그것은 창의성을 엿볼 수 있는 중요한 지표임이 확실하다.

여덟째, 모험심이 있는 사람을 선택한다. 우리는 미지의 세계를 탐색하고 스스로 가치 있다고 여기는 사람을 모험심이 있는 사람이라고 간주할 수 있다,

아홉째, 솔직한 사람을 선택하여 구성한다. 창의적인 사람은 마치 아이처럼 솔직하다. 솔직하다고 해서 꼭 정서적으로 미숙하다는 것은 아니다. 솔직함은 아이처럼 미지의 것에 놀라고 호기심을 가지고 탐색하는 마음이며 그런 마음을 지닐 때 일에도 놀이에도 흥미를 가지고 몰입할 수 있다.

열째, 한 가지 일에 정신을 쏟는 사람을 선택하여 구성한다. 씨네틱스에서는 아이디어를 얻고 그것을 실현하는 데 온 마음을 쏟을 수 있어야 한다.

idea bank

94 창의적 사고는 '느낌적인 느낌'에서 나온다

PMI 기법에서 P는 plus(제시된 아이디어의 좋은 점 또는 좋아하는 이유), M은 minus(제시된 아이디어의 나쁜 점 또는 싫어하는 이유), I는 interesting(제시된 아이디어에 대하여 흥미롭다고 생각하는 점)의 약자다. PMI은 기법 영국의 '인지 연구 트러스트(Cognitive Research Trust)'에서 드보노(E. DeBono) 등이 개발한 사고 기능 훈련법인 CoRT(창의적 사고 기능 훈련법)에 포함된 사고 기법이다. 이 기법의 전제는 사고행위는 정서와 가치 그리고 느낌과 밀접한 관련이 있다는 것이다. 사고한다는 것은 지각한다는 것이고 지각한다는 것은 어떤 형태를 다루게 된다는 것이며 형태를 다루는 것은 곧 주의 집중을 의미하며 따라서 사고하는 데 있어서 주의 집중의 방향과 목표를 개발하는 것이 가장 중요하다.

PMI 기법은 문제 상황을 보다 더 폭넓게 사고하는 방법을 개발하기 위한 것으로 어떤 아이디어나 제안을 열린 마음으로 다루기 위하여 의도적으로 사용하는 방법이다. 이것은 문제가 문제인지는 알지만 그 해결방법에 대한 좋은 아이디어가 없을 때 사용하는데, 문제를 정의한 후와 몇 개의 가능한 해결안들이 제안되었을 때 많이 사용한다. 그것은 결정을 하지 못하게 하는 것이 아니라, 결정에 있어서 긍정적인 측면, 부정적인 측면, 재미있는 측면들을 모두 고려해 본 다음에 결정하게 하는 것이다. PMI 기법은 어떤 문제 장면에 대한 시야를 넓혀 준다. 우리는 문제에 직면하면 충동적인 아이디어나 정서적인 반응으로 문제를 보는 시야가 좁아질 수 있다.

PMI 기법은 평가하고 싶은 선택안이나 해결안, 결정, 아이디어로부터 시작된다. 경주를 야간 답사하면서 행해지는 역사 수업에 참여해야 할지를 고민하고 있다고 해보자. PMI 기법에서는 답사여행에 대하여 생각하는 과정에서 제안된 모든 아이디어를 차트로 알기 쉽게 목록으로 만들어 놓는다. 그런 후에 제안한 각각의 아이디어와 반응을 분류한다. 제안된 것이 이익이 되는 것(좋은 점)인가?

또는 그 여행을 하고 싶지 않게 하는 이유나 문제(나쁜 점)인가? 또는 좋은 점이나 나쁜 점 어디에도 속하지는 않지만 중요하게 생각되거나 흥미로운 것, 또는 예나 아니오를 결정할 필요가 있다고 생각되는 것인가 등을 결정한다.

PMI 기법에서는 특별한 순서가 없다. 그러나 한 가지 주의해야 할 점은 흥미로운 점과 좋은 점을 다 작성하거나 검토해 볼 때까지 나쁜 점에 대한 평가를 하지 않는다는 것이다. 이 세 가지 점은 서로 배타적이지 않으므로 답사 여행 목록에서 이 세 가지 난에 "나는 교실 수업에서는 볼 수 없었던 열세 살짜리의 행동의 다른 면을 볼 수 있었다"라는 사실을 모두 기록할 수 있다. 흥미로운 섬을 기록하는 것은 좋은 점이나 나쁜 점만 기록하는 것보다 훨씬 더 폭넓은 생각을 하도록 격려하게 된다. 그리고 때로는 흥미로운 점 난에 기록되었던 아이디어가 성장하고 변화하고 성숙하여 다른 칸으로 옮겨지는 경우도 있다.

idea bank

95 창의성은 수평적 사고와 수직적 사고의 통합에서 나온다

수평적 사고는 공식화된 기술을 의도적으로 사용해서 창의적인 사고를 할 수 있게 하는 체계적인 접근법이다. 이런 수평적인 사고 기술의 근거는 인간 두뇌의 움직임에 있는데 두뇌의 신경회로망은 자기 구성 능력에 따라 움직인다. 수평적 사고의 예를 들면, 여기에 매우 크고 멋진 집이 한 채 있고 네 사람이 서로 다른 방향에서 그 집을 보고 있다고 생각해 보자. 한 사람은 그 집 앞 쪽에 서 있고 다른 한 사람은 그 집 뒤에 있다. 그리고 또 다른 두 사람은 그 집의 양옆에 서 있다. 이 네 사람에겐 그 집이 서로 다른 모양으로 보일 것이다. 이 사람들은 휴대폰을 들고 서로 자기가 보고 있는 집 모양이 정확한 것이라고 주장을 한다. 이렇게 주장하는 것이 수평적인 사고라는 뜻이 아니다. 수평적인 사고는 이렇게 주장하는 대신에 네 사람이 함께 그 집의 네 방향을 돌아가면서 관찰하는 방법이다. 여러 사람이 어느 한순간 동일한 관점에서 함께 본다는 의미에서 이 방법을 수평적 사고라고 할 수 있다. 이러한 수평적인 사고와 함께 우리가 주목해야 할 것으로 수직적인 사고가 있다.

수평적인 사고는 새로운 아이디어를 산출하는 사고인데 이것과 달리 수직적인 사고는 연마하고 판단을 내릴 수 있는 조리 있는 사고이다. 드보노는 수평적인 사고의 중요성을 강조하고 있지만, 실제로는 수직적인 사고와 그것은 상보적인 관계에 있음을 말하고 있다. 즉 수평적인 사고가 수직적인 사고의 효과를 높이고, 수직적인 사고는 수평적인 사고가 산출한 아이디어를 발전시킬 수 있다는 것이다. 드보노가 말하는 수평적인 사고는 직관적인 사고를 중심으로 하여 확산적인 사고와 상상력이 그 속에 들어 있다고 볼 수 있고, 수직적인 사고는 논리적인 사고에 해당한다. 드보노는 수평적인 사고를 훈련시키기 위해서 언어적인 사고보다도 시각적이고 심상적인 훈련을 권장하고 있다. 왜냐하면 언어는 분류의 경직성과 밀접한 관계가 있어서 사물에 관한 생각을 고정시키는 경향이 있기 때문이다. 이에 비해서 시각적인 심상은 언어로는 얻을 수 없는 융통성을 갖는다. 이러한 점에서 볼 때 심상적인 사고에 의해서 새로운 아이디어를 산출하는 것은 매우 중요하다. 수평적인 사고의 원칙으로는 다음과 같은 네 가지를 들 수 있다. 첫째, 지배적인 아이디어를 발견해야 한다. 둘째, 사물에 관한 여러 가지 견해를 찾아내야 한다. 여기에서는 관점을 달리하여 직관적인 사고와 확산적인 사고를 작용할 필요가 있다. 셋째, 수직적인 사고의 강력한 통제에서 벗어나야 한다. 넷째, 우연한 기회를 이용해야 하는데, 그렇게 함으로써 직관적인 사고와 상상력을 움직일 수 있다.

idea bank

96 우리의 사고는 뇌의 작동방식에 얼마나 영향을 받는가

뇌에서 분비되는 화학물질인 엔도르핀, 뇌하수체에서 분비되는 신경펩티드, 신경을 구성하는 아미노산 화합물은 뇌를 돌아다니면서 각기 뇌의 다른 부위에 영향을 주는 화학물질로 분해하며 인간의 기분과 사고에 영향을 준다. 뇌의 특별한 화학물질을 유발시켜 사고에 영향을 주는 조건화 신호가 여섯 색깔 사고의 모자이다. 여섯 색깔 사고의 모자에서 사용되는 모자는 뇌의 화학적 균형을 바꾸는 조건화 과정의 자극물질로 간주할 수 있다. 뇌를 감싸고 있는 화학물질은 신경 단위의 자극 반응 임계점과 민감성에 큰 영향을 준다. 뇌 속의 화학물질이 변하면 인식 체계에 변화를 초래한다. 이런 의미에서 뇌에 퍼진 화학물질이 다를 때마다 다른 두뇌를 가진다고 볼 수 있다. 의사 결정이 어려운 순간은 뇌 속에 서로 다른 두 가지 화학적 상황이 각각에게 옳은 결정을 내리고 있는 경우이다. 두 선택이 각각의 두뇌 상황 속에서 모두 옳기 때문에 결정이 안 되는 상태에 있는 것이다.

공포나 분노의 감정 상태에서 사람들은 본능적인 행동을 하게 되는데 이러한 본능적인 행동은 아마도 뇌가 공포나 분노의 감정 상태에 상응하는 화학적 상황에 처해 본 적이 없어서 이에 대한 복합적인 반응 양상을 미처 가지지 못했기 때문에 나타나는 것 같다. 그런데 우리는 아동이 이러한 감정적인 상태에 처하도록 훈련시키는 일을 타당하다고 생각할 수 있다. 우리는 정상적으로 비판적인 사고를 하는 경우 의식적으로 감정을 배제하거나(감정이 뒤에 숨어 영향력을 줄곧 행사하겠지만) 이성과 감정 사이를 오갈 수 있다.

서로 다른 사고방식의 배후에 서로 다른 화학물질에 따를 배경이 있다면 모든 것이 한꺼번에 섞여 있는 사고는 어떠한 사고적인 배경도 설정할 수 없게 될 것이다. 혼란스럽거나 너무 많은 것을 한꺼번에 생각해야 할 경우에 사고하기가 어렵다. 사고에는 감정과 논리와 정보 그리고 독창성 등 모든 것이 섞여 있으므로 사고의 여러 양상을 분류하는 일은 매우 중요하다.

idea bank

97 인간의 뇌는 능동적인 정보 시스템

인간의 두뇌는 능동적인 자기 구성 정보 시스템(self-organizing system)이라고 할 수 있다. 능동적 자기 구성 정보 시스템이란 정보 자체가 일정한 형태로 스스로 조직해 나가는 시스템이다. 우리는 간단한 예를 통해서 능동적인 정보 시스템과 수동적인 정보 시스템의 차이를 알아볼 수 있다. 모래나 그물판에 공을 떨어뜨리면 그 공은 떨어진 곳에 그대로 머물러 있게 되는데, 이 경우 우리는 수동적인 정보 시스템을 생각할 수 있다. 수동적인 정보 시스템이란 이처럼 떨어진 공이 그 자리에 그대로 머물러 있는 것과 같다고 생각할 수 있다. 그런데 끈적거리는 기름으로 가득 채워진 고무상자에 공을 하나 떨어뜨리면 그 공은 바닥으로 점점 가라앉는다. 바닥에 이르러 그 공이 멈추고 표면에는 오목하게 들어간 흔적이 남는다. 이때에 두 번째 공을 떨어뜨리면 그것은 첫 번째 공이 만들어 놓은 길을 따라 굴러가다가 첫 번째 공과 연결된다. 즉, 두 번째 공은 떨어진 곳에 머물지 않고 첫 번째 공이 만들어 놓은 길을 따라 능동적으로 움직인다. 여러 개의 공을 계속 떨어뜨리면 모두 모여 한 덩어리가 된다. 이 경우 우리는 능동적인 정보 시스템을 생각할 수 있다. 여기에서 우리는 정보들이 한 무리로 조직화되는 현상을 볼 수 있게 되는데, 이런 현상은 능동적인 자기 구성 시스템에서 일어나는 것이다.

인간의 뇌는 신경 세포의 망으로 이루어져 있는 능동적인 정보 시스템이다. 신경망은 유입되는 정보를 스스로 조직하여 인식 체계를 만들어 낸다. 정보들이 결합되어 이루어진 인식 체계에 따라서 인식 작용이 이루어진다. 이렇게 볼 때 인간의 뇌는 결코 창의적이라고 할 수 없다. 왜냐하면 일단 일정한 인식 체계가 형성되면 이후에 발생하는 사건에 대해서 이전에 형성된 고정된 인식 체계를 적용하기 때문이다. 자기 구성 능력이 있는 체계는 이전에 있었던 일련의 경험에 국한되는 단점을 갖고 있는 것이다.

98 여섯 색깔 사고의 모자는 특정한 사고를 불러 일으킨다

여섯 색깔의 모자는 사고 양상을 분류해서 의도적으로 한 번에 한 가지만을 사고하게 하는 것이다. 이것을 통해서 감정과 논리를 분리시키고 정보와 독창성을 분리시킬 수 있다. 여섯 색깔 사고의 모자는 여섯 가지 사고 행동의 기본 양식이 각기 다른 색의 모자로 주어진다. 어떤 순간에 특정한 형태의 사고를 요구할 수 있다. 한순간에 한 색의 모자만을 씀으로써 한 가지 유형의 사고만 하게 한다. 또한 하나의 양식에서 다른 양식으로 사고를 바꿀 수도 있다. 이 모자들은 특정한 사고와 사고 의지를 불러일으키고 일상적인 사고의 틀과는 다른 각도에서 사고할 수 있도록 해 주는 구체적인 틀을 제공한다. '여섯 색깔 사고의 모자'는 그 개념이 간단하고 사용하기 편리한 것이 장점이다.

생각하는 사람은 모자를 떠올리면서 실제 모자라고 생각해야 한다. 모자는 색으로 구별한다. 모자 색깔이 주는 이미지를 떠올리면 해당 색깔 모자의 역할을 기억하기 쉽다. 만약 어떤 사람이 부정적인 견해를 말하고 있을 때 이를 중단시키기 위해 "부정적인 견해를 제시하지 마시오"라고 말하는 것보다는 "이제 노란색 모자를 씁시다"라고 하면 색상으로 인해서 대답하는 사람이 난처해지는 상황을 피할 수 있다. 여섯 색깔의 사고 모자는 구체적으로 하얀색, 빨간색, 검정색, 노란색, 초록색, 파란색의 여섯 색깔의 모자이다.

모자	특정 사고 관점
하얀색 모자	중립적이며 비판을 삼가고 객관적인 사실의 관점
빨간색 모자	직관적인 느낌의 정서적 관점
검은색 모자	논리적이고 부정적이고 비판적인 관점
노란색 모자	긍정적이고 낙관적인 관점
초록색 모자	창의적이고 생산적인 아이디어 제안
파란색 모자	전체적인 의견의 조절과 통제의 관점

idea bank

99 하얀색 모자가 불러일으키는 특정한 사고

하얀색의 모자는 정보 사고인데 하얀색은 중립적이고 색관적인 정보와 자료와 연관된다. 하얀색 모자의 사고를 요청하는 것은 참석자들에게 논쟁을 제쳐 두고 정보와 제안에만 초점을 맞추도록 하는 것이다. 모임에 참석한 사람들은 잠시 동안 어떤 정보를 이용할 수 있는지 생각해 보고, 필요한 것과 그것을 어떻게 얻을 수 있는지 생각해 보고, 필요한 것과 그것을 어떻게 얻을 수 있는지 생각하게 한다. 그리하여 "우리가 갖고 있는 정보는 무엇인가?", "우리가 어떤 정보를 필요로 하는가?", "우리가 빠뜨린 정보는 무엇인가?", "우리는 어떤 밀문을 해야 되는가?"를 생각하게 한다.

idea bank

100 빨간색 모자가 불러일으키는 특정한 사고

빨간색 모자는 직관과 감정을 유도하는데 붉은색은 분노나 감정을 나타내므로 빨간색 모자는 감정적 관점과 연관된다. 집단토론에서 자신의 감정을 드러내지 않도록 되어 있지만 사람들은 가끔 자신의 감정을 논리로 위장하여 표시한다. 빨간색 모자 사고는 사과하거나 설명 또는 정당화할 필요 없이 자신의 감정을 제시하도록 허용한다. 빨간색 모자를 쓰고 있다면 "내가 이 프로젝트에 대해 느끼는 것은 ~입니다", "나의 속마음은 이것이 성공하지 못할 것 같다", "나는 이런 처리 방식을 좋아하지 않는다", "내 생각은 가격이 떨어질 것 같다"와 같이 생각하게 한다. 빨간색 모자 사고는 감정 제시를 허용하기 때문에 논의 과정에서 다른 것처럼 위장할 필요가 없다. 직관은 다년간의 경험에 기초한 복합적인 판단일 수 있기 때문에 직관 뒤의 이유가 의식적으로 나올 수 없다 하더라도 매우 가치 있을 수 있다. 물론 직관이 항상 옳은 것은 아니며 틀릴 수도 있다.

idea bank

101 검은색 모자가 불러일으키는 특정한 사고

검은색 모자는 논리적인 부정인데 검은색은 우울하고 부정적인 이미지를 나타내므로 검은색 모자는 신중하고 조심스럽게 '잠재된 위험'에 대해 생각하게 한다. 잘못한 사람을 엄하게 꾸짖는 검은 법복을 입은 엄한 재판관을 생각해 보자. 검은색 모자는 주의를 주는 모자이며, 실수나 어리석은 행동이나 불법을 저지르지 못하게 한다. 이 모자는 비판적인 판결이므로 어떤 것이 될 수 없는 이유와 이룹지 못한 이유를 제시해야 한다. "규정 때문에 그것을 실행할 수 없다", "주문을 감당할 생산설비가 부족하다", "가격을 높게 책정하면 판매량이 줄어든다", "그는 수출 분야에 경험이 없다"와 같이 생각하게 된다. 실수는 위험을 초래할 수 있기 때문에 누구도 실수하거나 어리석은 행동을 하기 싫어할 것이다. 따라서 검은색 모자는 잠재된 위험을 신중하고도 조심스럽게 생각하게 하므로 매우 가치가 있어서 아마도 가장 많이 사용되며 아이가 가장 유용할지 모르지만 동시에 남용하기도 쉽다. 어떤 사람들은 실수를 방지하면 만사형통이기 때문에 부정적이거나 주의하는 것으로 충분하다고 느낄지도 모르겠다. 그러나 너무 어릴 때부터 부정적이 되면 오히려 창의적인 아이디어를 죽이기 쉽다. 적당한 양의 술은 몸에 좋지만 과음하면 해가 되는 것과 마찬가지이다. 검은색 모자는 매우 가치가 있지만 모자 기법에서 매우 중요한 것은 검은색 모자 사고를 매 순간 사용하는 것이 아니라 특정한 순간에만 사용하도록 제한해야 하는 것이다. 검은색 모자 사고는 극복해야 할 결점을 찾아내기 위해 아이디어 처리 단계에서 사용된다. 검은색 모자 사고는 아이디어의 평가 과정에서도 적용된다.

102 노란색 모자가 불러일으키는 특정한 사고

노란색 모자는 논리적인 긍정을 뜻하는데 노란색은 밝고 긍정적인 이미지를 나타내므로 노란색 모자는 희망적이고 논리적으로 긍정적인 사고와 연관된다. 이 모자는 실행, 즉 어떻게 달성될 수 있는지를 찾아내게 하고 논리적인 근거의 이점을 찾아낸다. "생산설비를 고객 가까이에 마련해 두면 효과적일 것이다"와 같이 생각하게 한다. 이점은 항상 바로 드러나지 않기 때문에 종종 이점을 찾으려고 의도적으로 노력할 필요가 있다. 모든 창의적인 아이디어는 노란색 모자 사고에 의한 주목을 받을 가치가 있는데, 왜냐하면 노란색 모자는 사고의 실행 가능성을 추구하는 데 가치가 있으며, 이렇게 등장한 아이디어는 처음부터 건설적인 주목을 끌게 되기 때문이다. 아이디어에 반대하는 사람은 그 아이디어의 가치와 그 아이디어가 어떻게 실행될 수 있는지를 찾도록 권고한다.

103 초록색 모자가 불러일으키는 특정한 사고

초록색 모자는 창의적 노력과 창의적 사고인데 초록색은 채소, 풀, 풍성함, 싱그러움 등에 대한 이미지를 나타내므로 초록색 모자는 창의성, 창의적인 사고, 새로운 아이디어와 연관된다. 이 모자는 추가적인 대안을 생성하거나 가능성과 가설을 제시하기 위한 것이며, 여기에는 자극과 수평적인 사고가 포함되며 창의적인 노력을 필요로 한다. "이제 새로운 아이디어가 필요합니다", "다른 대안이 없을까요?", "다른 방식으로 할 수는 없을까요?"

104 파란색 모자가 불러일으키는 특정한 사고

파란색 모자는 사고 과정을 제어하게 하는데 파란색은 냉철한 이미지를 나타내므로 사고 과정에 대한 통제와 연관되며 다른 색깔 모자의 사용을 지시한다. 파란색 모자는 사용하고 있는 사고에 관해 생각하고, 사고를 위한 안건을 설정하고, 다음 단계를 제안하며 다른 모자 사용을 요청한다. 파란색 모자는 요약과 결론 그리고 판단을 요구한다. 이 모자에서는 사용하고 있는 것에 대해 논평할 수 있다. "비난할 사람을 찾는데 너무 많은 시간을 소비하는 것 같아요", "당신의 견해를 요약해서 말씀해 주시겠습니까?", "제 생각으로는 우선순위를 고려해야 합니다", "새로운 아이디어를 얻기 위해 초록색 모자 사고를 시도합시다"와 같이 생각하게 한다. 파란색 모자는 보통 모임을 주관하는 사람에 의해 사용되며 다른 참석자는 의견을 제시한다. 파란 모자는 사고 과정을 조직화하고 제안해서 보다 생산적으로 만들기 위해 사용된다.

idea bank

105 여섯 색깔 사고의 모자의 이점

첫째, 논쟁을 피할 수 있다. 토론을 하다보면 서로 다른 관점과 입장으로 인해 논쟁에 빠지는 경우가 흔히 있다. 의견을 주장하는 사람은 종종 자신의 입장에 빠져서 주제를 탐색하기보다는 논쟁에 이기거나 지는 것에 더 관심을 갖게 된다. 이럴 때 여섯 색깔 사고의 모자 기법은 논쟁에 빠지는 것을 방지해 보다 생산적인 토론이 되도록 유도한다. 이 기법에서는 자신을 홍보하기 위한 사고 대신에 상호 협조적인 탐색이 존재한다. 그래서 이 기법은 회의를 무리 없이 주관하고 논쟁에서 벗어나고자 하는 사람들에 의해 사용되고 있다.

둘째, 사고의 모자를 쓰고 있을 때 더 이상 자신의 위치에 대한 제한이나 도전을 받지 않기 때문에 자유를 느끼게 된다. 이 기법을 통해 자신의 견해와 관점을 변경할 수 있다.

셋째, 부정적인 견해를 통제할 수 있다. 어떤 사람은 천성적으로 조심성이 많아서 매 순간 발생 가능한 모든 위험을 제시하려 한다. 이런 사람에게 "그것은 검은색 모자의 사고입니다. 좀 더 생각해 볼까요?"라고 말한 후에 "검은색 모자의 사고를 충분히 했으니 이제 초록색 모자의 사고를 해 봅시다"라고 말한다. 그러면 검은색 모자를 쓰고 있는 사람은 조용히 있거나 아니면 초록색 모자의 사고를 해야 한다. 여섯 색깔 사고의 모자 기법에서는 부정적인, 즉 검은 모자 사고를 해야 할 때가 있지만 다른 색깔의 모자 사고에서는 부정적이어서는 안 된다.

넷째, 창의성을 위한 공간을 마련해 준다. 창의성을 위한 공간은 긍정적이고 창의적 사고를 위한 것이어야 한다. 노란색 모자와 초록색 모자는 의도적으로 긍정적이고 창의적인 노력을 할 시간을 할당하게 만든다. 아이디어가 머리에 바로 떠오르지 않으면 창의적이고 긍정적인 노력을 위해 충분한 시간이 허용되게 해야 한다. 일단 우리가 창의적이 되려고 의도적으로 노력하면 노력에 대한 보상을 받을 것이다. 여섯 색깔 사고의 모자 기법은 창의성을 위한 공간을 이용할 수 있도록 만든다.

다섯째, 사고 행동의 종류를 분류할 수 있다. 어떤 사람은 특정한 형태의 사고에 능숙하고 잘 맞는다고 느낀다. 여섯 색깔의 모자는 사고의 형태를 분류하는 것이 아니다. 모든 사람은 모두 여섯 색깔의 모자를 사용하도록 노력해야 한다. 집단이 특정한 색깔의 모자를 쓰고 있으면 그 집단에 속한 모든 사람들은 같은 색깔의 모자에 의한 사고를 해야 한다. 집단에 있는 어느 누구도 자기 자신을 특정 색깔의 모자의 사고자라고 여겨서는 안 된다. 마치 골퍼가 모든 클럽을 사용해야 하는 것처럼 사고자는 모든 색깔의 모자를 사용해야 한다. 여섯 색깔 사고의 모자는 사고 행동을 분류하는 것이지 사람을 분류하는 것이 아니다.

여섯째, 가끔씩 사용할 수 있다. 이것은 한 번에 한 가지 색깔 모자의 사고만을 한다. "부정적인 견해를 중단하시오"라고 말하는 것보다 "노란 색깔 모자의 사고를 합시다"라고 말하는 것이 상대방의 기분을 상하게 하지 않을 것이다. 특정한 모자를 쓰고 이 모자에 의한 사고를 하도록 집단 구성원에게 요청할 수 있다.

일곱째, 체계적으로 사용할 수 있다. 집단 또는 개인이 어떤 주제에 대해 빠르게 탐색하고 싶을 경우에 공식적으로 모자들의 사용 순서를 정하고 그 순서에 따라 모자에 의한 사고가 진행되어야 한다. 한 가지 색깔의 모자에 의한 사고에 4분 정도의 시간을 할애한다. 모자 사용 순서를 정할 경우에 제안된 아이디어가 경쟁력이 있는지 아니면 위험이나 어려움은 없는지 알기 위해 마지막 단계에서 검은색 모자를 사용하는 것이 유용하다. 검은색 모자 사고에 이어 빨간색 모자 사고를 할 수 있다. 누군가가 다음과 같이 말할 수 있다. "현재 상태로는 이 아이디어가 효과적이지 못하겠지만 잠재력은 있어 보이니 보다 효과적으로 만들어 봅시다." 일반적인 색깔 모자의 사용 순서는 있지만 주제나 이전에 고려한 적이 있는지 또는 누가 사고를 하는지에 따라서 그 사용 순서는 달라질 수 있다. 실용성을 고려해서 합리적으로 모자의 사용 순서를 정하면 된다.

idea bank

106 여섯 색깔 사고의 창의적 사고 절차

여섯 색깔 사고의 모자가 창의적인 사고 절차로 직접 사용되는 때가 있는데 그럴 경우에 다음과 같은 순서로 모자를 사용할 수 있다. 하얀색 모자(우리가 알고 있는 것이 무엇인가?) → 초록색 모자(대안이나 제안 및 아이디어 탐색) → 노란색 모자(아이디어의 실행성, 이점 및 가치를 탐색) → 검은색 모자(어려움, 위험, 문제와 주의점 탐색) → 빨간색 모자(아이디어에 대한 직관과 감정이나 느낌) → 파란색 모자(결론)

창의적으로 노력하고 난 다음에 얻게 되는 결과는 체계적으로 수확할 필요가 있다. 창의적인 사고 회의에 참석한 사람들은 제시되는 아이디에 대해 잘 알고 있으며 약간의 힌트만 있어도 해당 아이디어를 떠올릴 수 있다. 그러나 창의적인 사고 회의가 끝나고 시간이 지나면 아이디어는 잊어버리게 되므로 아이디어는 명확하게 그리고 공식적으로 기록해 두어야 한다. 가끔 이것이 불필요하고 따분한 일처럼 보일 수도 있다. 창의적인 사고는 비록 일부라고 해도 헛되이 낭비되어서는 안 된다. 결과 수집에 있어 초점이 한 번 더 강조되어야 한다. 초점이 목적에 맞추어져 있을 경우에는 목적 표현이 자동으로 초점 형태를 보여주기 때문에 초점을 강조하는 일이 중요하지 않을지 모르나 포괄적인 영역에 초점이 맞추어져 있을 경우에는 초점을 강조하는 일이 반드시 필요하다. 그렇지 않으면 무엇이 진행되었는지 알지 못한다. 초점을 강조하는 것에 이어 개념과 아이디어를 수집한다. 개념은 개념 그 자체로 사용된 것과 아이디어의 배경이 되는 개념을 포함한다. 아이디어는 서로 유사하더라도 적어도 하나의 차이가 있으면 별도의 아이디어로 기록한다. 예를 들면, 직원에 대한 보상을 돈으로 하는 것과 더 많은 휴가를 주는 것은 별도의 아이디어로 취급한다. 창의적 결과를 공식적이고 규정된 방식으로 작성하는 데 드는 노력은 충분히 가치가 있다. 창의적인 사고 회의는 결과는 명확하게 기록되어야 하며, 사고 회의 결과에 대한 개인적 결과 수집과 공적인 결과 수집은 달라야 한다. 개인적인 결과에는 매우 포괄적인 내용이 담길 수 있지만 공적인 것에는 공개적인 주목을 받을 아이디어와 개념만을 담아야 한다.

idea bank

107 창의성은 자발성을 매개로 나타난다

모레노(J. L. Moreno)는 1922년 비인에서 심리극(psychodrama)을 시작한 후 심리극에 관한 과학적인 기초를 마련하기 위해서 소시오메트리(sociometry, 사회측정법: 집단이나 조직속에서의 인간관계의 정도를 알아보는 방법)를 발전시켜 『누가 살아남는가?(Who shall survive? 1934)』라는 글을 썼다. 모레노는 심리치료방법의 하나인 심리극의 기초 과학인 소시오메트리의 기본 원리를 자발성-창의성 이론에 바탕을 두고 있다. 심리치료는 새로운 형성 및 새로운 인간관계의 창조를 목적으로 한다는 점에서 인간의 자기 창조, 즉 인간의 창의성의 계발을 목표로 하고 있다고 할 수 있다. 여기에서 우리는 먼저 모레노의 '자발성=창의성'에 관한 생각을 중심으로 창의성의 문제를 살펴보아야 할 것이다.

모레노에 따르면 자발성(spontaneity)과 창의성은 모든 사람이 지니고 있으며 그것은 사람과 사람, 사람과 사물, 인간과 노동, 사회와 사회, 사회와 인류, 인류와 자연 간의 상호 작용에서 나타난다. 그 가운데 창의성은 자발성을 매개로 하여 생명을 얻게 되고 창조 활동을 통해서 실현되며 그 소산이 무한정 중첩되어 문화보존으로 저장된다. 따라서 이 세계는 자발성-창의성-문화 보존이 순환하고 회전하는 장소이다. 모레노에 따르면 자발성이란 새로운 상황에 대한 적절한 반응의 정도이다. 하지만 적절함이 결여된 자발성(자동반사), 정신병리적인 과도한 자발성(불안, 공포), 동조성(automaton conformity)에 의한 상투적 반응 등은 자발성과 거리가 멀다. 자발성은 적절하게 훈련된 경우에만 생산적으로, 창의적으로 발휘되고 그에 따라 행동한다. 자발성은 '지금-여기'에서 작용하는 것이며, 지금 여기에서 사회로부터 인정되고 있는 사고방식, 기술, 요구, 관습 등 가장 현실적이고 적절한 행동으로 발휘되는 경우, 즉 자발성이 사회로부터 인정되고 있는 사고방식, 기술, 요구, 관습에 의해 통제되고 있을 때만 창의성이라고 할 수 있다.

idea bank

108 창의성은 대인관계를 맺는 기술이다

자발성과 창의성을 기본으로 하는 소시오메트리는 과학적인 발견이나 예술 작품은 물론이고 인간관계를 개선하거나 사회를 변화시키는 데도 작용하고 있다고 모레노는 지적하고 있다. 모레노는 심리치료 기법으로 심리극의 기본원리인 소시오메트리와 역할 이론을 제안했다. 심리극에서 역할연기(role playing)는 중요한데, 그것은 역할을 하는 하나의 방법이므로 역할취득(role taking)이라든지 역할창조(role creating)와는 다르다. 역할취득은 명확하게 정해진 역할을 그대로 취하는 경우이며 제법 동조성이 강한 행동이지만, 역할연기는 역할에 어느 정도 자유롭게 변화를 줄 수 있고 자발성이 제법 발휘된다면, 역할창조는 자유롭게 역할을 만들어 나아가는 것으로 자발성과 창의성이 동시에 발휘된다. 일반적으로 역할취득과 역할창조를 포함하여 역할연기라고 말한다. 역할취득에 있어서도 행위자 자신이 관여하기 때문에 그 나름대로 자발성이 나타나고, 또한 역할창조라고 해도 역할, 즉 문화적이고 사회적으로 정해진 행동 유형에 의해서 규정된다. 모레노에 따르면 역할취득은 자발성을 억압하기 때문에 그것보다 오히려 역할연기와 역할창조를 중시하고 있다.

우리는 현실 생활에서 많은 역할을 가지고 시간과 장소에 가장 적절한 역할을 하지 않으면 안 된다. 그러나 역할갈등이 생겨나면 바람직한 인간관계를 유지할 수 없게 되므로 우리들은 이러한 대립적인 역할을 통일하고 시간과 장소에 가장 적절한 역할을 창조해 내지 않으면 안 된다. 따라서 자발성과 창의성은 인간관계를 맺는 가장 기본적인 대인신념이며 기술이다. 인간관계가 좋은 사람이 더 창의적일 수 있는 이유도 여기에 있다.

idea bank

제8장
놀이와 창의성

109 성실하게 노는 어른들, 스스로를 초월해 노는 아이들

최근까지 놀이는 아이들의 놀이, 즉 그들 고유의 것으로만 여겼다. 놀이는 아이들의 전유물이지 성실한 어른의 것은 아니었다. 일은 사회생활에서 당연한 것이며, 놀이는 일의 방해가 되는 음지의 것이었다. 겨우 양지에서 인정되는 놀이는 경제와 사회 속에 편입된 놀이거나 여가로서 경제적인 영위의 대상으로 된 놀이를 들 수 있는데, 예를 들면 골프, 프로 야구, 축구, 경마 또는 관광지와 유원지, PC방 등에서 노는 것이다. 이러한 놀이는 경제 활동의 일부이며, 기업화된 장소에서나 가능한 놀이이며 경제 활동, 즉 일의 일부라는 명칭이 붙게 된다. 이러한 놀이는 자발적인 활동으로서의 놀이가 아니라 마케팅과 광고에 의해 자본이 창조해 낸 소비 활동으로서의 놀이이다. 그렇다고 경제 활동의 일부로써 놀이는 진정한 놀이가 아니라는 뜻은 아니다. 단지 이러한 놀이는 스스로를 만들어 내고 스스로를 초월해 나아가는 운동으로서의 놀이가 아니라는 뜻이다. 현대에 있어서 놀이는 소비 활동의 한 측면이며 경제 활동의 일부가 되고 있다. 이렇게 어른들은 놀이에 투자한 돈만큼만 논다. 그러나 아이들은 놀이는 생산 활동의 부산물이 아니다. 중세 이전의 서양에서는 자유로운 시간을 가지는 것, 즉 여가로서의 빈둥거림은 오히려 고귀한 가치였던 것처럼 아이들은 그냥 빈둥댄다. 그것이 곧 놀이 창조의 시작이다.

여가와 놀이는 당연히 다르다. 여가는 일을 보완하는 개념으로 나타난다. 여가는 여가 그 자체로서 성립하는 시간이 아니고 일이 있어야 비로소 여가로 성립한다. 즉 여가는 일하는 시간이 아닌 것, 생산의 시간이 아닌 것으로 부정적으로 파악된다. 그래서 여가에 사용되는 놀이는 산업화된 놀이인 경우에만, 또는 일에 지장이 없는 놀이인 경우에만 정당한 것으로 인식되고 허용하게 된다. 그러나 놀이라는 활동의 목적은 경제적인 사회 활동이 요구하는 목적과는 다른 것이다. 놀이는 '~을 위해서' 있는 것이 아니며, 내 의도에 선행하는 것이다. 게다가 경제화된 사회가 요구하는 목적이나 의미로부터 떨어진 놀이는 아직 사회의 구성원으로 되지 못한 아이들에게만 허용된다. 그러한 놀이는 경제적 사회 활동에서 상층부를 차지할 수 없다. 사회의 완전한 구성원으로 인정되는 어른에게는 경제적으로 유기한 생산 활동으로서의 일이야말로 삶의 중심적인 활동이다.

놀이는 스스로를 만들어 내고 스스로를 초월해 나아가는 운동으로서의 놀이가 되어야 진정한 호모루덴스(Homo-Ludens)가 되는 것이다. 호모루덴스의 놀이가 문화를 만들어내고 그 문화에 창의성의 옷을 갈아 입혔다.

idea bank

110 놀이의 재발견, 놀이는 자유다

놀이란 도대체 어떤 것인가? 서양 철학에서 문화요인으로서의 놀이에 관한 기술은 고대 그리스까지 거슬러 올라갈 수 있다. 그러다가 1938년 네덜란드의 문화사가인 요한 호이징가(Huizinga, Johan)가 쓴 『호모루덴스』는 놀이 이론을 유행시키는 도화선이 되었다. 그에 따르면 놀이는 문화보다 더 오래되었고 오히려 놀이가 문화를 형성하게 만든 하나의 요소였다고 한다. 그래서 그는 놀이는 놀이 이외의 것을 위해서 행해졌던 것이고, 놀이는 진화생물학적인 목적에 도움이 되는 것이라는 종래의 놀이관을 수용하면서 '모든 놀이는 그 고유의 규칙을 가지고 있다. 그 규칙들은 놀이에 의해 분리된 일시적 세계 속에서 적용되고 통용될 것을 결정한다. 놀이의 규칙은 절대적인 구속력이 있으며 추호의 의혹도 허용하지 않는다'고 말한다. 호이징가가 말한 놀이라는 형식의 특성을 간략하게 종합해 보면 그것은 어떤 자유로운 행위라고도 말할 수 있는데, 이 행위는 진심에서 그렇게 하는 것은 아니지만 어쨌든 일상생활 밖에서 행해지고 있으며 그럼에도 불구하고 놀이하는 사람을 강렬하게 그리고 완전히 사로잡을 수 있다. 이 자유로운 행위는 어떤 물질적인 이해관계도 없고, 어떠한 이익도 얻을 수 없으며, 또한 그 행위는 질서정연한 어떤 고유의 고정된 법칙에 따라 고유의 고정된 시간과 공간 속에서 이루어진다. 그리고 놀이라는 자유로운 행위는 사회적 단체의 형성을 촉진시키는데, 그러한 단체는 어떤 비밀로써 자신을 감추려고 하고 또 변장과 다른 수단을 동원하여 일상 세계와 그들 사이의 다른 점을 강조하려는 경향을 가지고 있다.

이렇게 호이징가는 놀이가 비록 명확한 형태는 아니지만 또 다른 하나의 현실을 나타내는 것임을 시사하고 있다. 다시 말하면 놀이는 일상생활 안에 존재하는 현실은 아니지만 거기에 투입하고 있는 한 일상성으로 나타나는 현실보다도 더 생생한 상황으로서 일상성과는 다른 차원에서 성립하는 현실을 나타내는 것으로 파악하고 있다.

idea bank

111 놀이는 상징놀이, 거기에 진짜 내가 있다

피아제(Piaget)는 발달 심리학적인 입장에서 놀이를 언급하고 있다. 그는 놀이를 '상징놀이'로 보고 다음과 같이 말하고 있다. '상징놀이는 아이들 놀이의 절정을 나타내는 것이다. 상징놀이는 여기에서부터 결국 문제가 되는 두세 가지의 다른 형식보다도 더 한층 아이 생활에서 놀이라고 하는 것이 제시하는 중요한 기능에 잘 호응하고 있다. 아이는 그 여러 가지 관심이나 사건의 방식이 자기 자신에게는 알지 못하는 어른들의 사회적인 세계라든지 아직 잘 이해될 수 없는 물리적인 세계로 자기 자신을 싫든 좋든 적응시켜 나가지 않으면 안 되는데, 이러한 적응은 성인에게는 다소 완전한 것이지만 아이의 나이가 어리면 어릴수록 미완성이다. 거기에서 아이는 이러한 여러 가지의 적응 가운데 자아의 정의적인 요구는 무엇보다도 지적인 요구조차도 우리 성인과 같이 만족시킬 수 없다. 게다가 아이의 지적인 균형을 위해서는 현실에 적응이라고 하는 동기가 아니고 오히려 반대로 현실의 자아에 동화한다고 하는 동기에 바탕을 둔 영역의 활동을 마음이 내키는 대로 할 것이 필요불가결한 것이다. 놀이는 마치 이러한 것이며, 현실을 다소 순전히 동화에 의해 자아의 제 요구에 응하여 변환하는 것이며 한편 모방(그 자체가 목적을 이루는 경우)은 여러 가지 외적인 모델로의 다소나마 순연한 조화인 것이며, 그것에 지능이란 동화와 조절 간의 균형인 것이다. (중략) 상징놀이는 이러한 아이 특유의 표현 수단의 체계인 것이며, 단순히 놀이 일반이 그렇듯이 현실의 자아에 대한 동화일 뿐 아니라 자아에 의해 구성되고 욕구를 품은 채 변할 수 있는 어떤 상징적인 언어에 의해 지지되는 동화(따라서 동화는 확대 보강된다)인 것이다.'

피아제는 놀이를 현실의 자아에 대한 동화로 규정하고 있다. 막 태어난 갓난아기에게는 반성의 주체로서의 자기는 없다. 실존주의적인 방식으로 말하면 자기는 정신이며, 정신이란 자기 자신에게 관계하는 관계성이다. 그러한 자기, 즉 자아정체성 또는 주체성은 갓난아기에게는 아직 없다. 유아에 있어서는 자아와 타아가 아직 분화되지 않았고, 반성도 이루어지지 않는다. 그래서 그러한 반성을 가능하게 하는 정신에 대한 가능성만이 존재한다. 유아는 자기의 가능성으로만 존재한다. 이러한 가능성으로부터 자기가 발생한다. 그 발생은 놀이라고 하는 행위와 놀이가 일어나는 장소에서 생겨난다. 유아에게 놀이란 진짜 자아로의 분화과정이다.

idea bank

✿ 창의성을 창의하다

1. 창의성 연구는 왜 필요한가?
2. 창의성을 연구하는 방법은 어떤 것이 있는가?
3. 창의성과 지능은 서로 어떤 관계인가?
4. 창의성은 학업성적에 어떻게 작용하는가?
5. 우리나라 학교에서 창의성 교육은 어떻게 이루어지고 있는가?
6. 씨네틱스(synetics)와 PMI 기법에 대해 각각 설명해 보자.
7. 여섯 색깔 사고의 창의적 사고 절차에 대해 설명해 보자.

제5부

창의성을 맛보다

브레인스토밍 기법의 효율성과 실패

* 광고회사 중역이었던 오즈본(Osborn)의 생각: 창조성(창의력)을 높이는 방법

- 사람들을 방 안에 모아 놓고 간단한 규칙(아래)을 따르게 한다. 예를 들면
  - 사람들에게 될 수 있으면 많은 생각을 내놓게 하고
  - 거칠고 과장된 아이디어를 장려하고
  - 다른 사람의 아이디어를 비판하거나 평가하지 않도록 한다.

오즈본은 "보통 사람은 혼자 일할 때보다는 집단으로 일할 때 두 배나 많은 아이디어를 내놓을 수 있다"라고 주장하였다.

그러나 그 이후 많은 실험연구에서 '집단으로 일하는' 것보다는 '독립된 방에서 혼자 일하는' 사람들이 양적으로나 질적으로나 훨씬 나은 결과를 내놓았다.

1) 브레인스토밍이 실패한 원인

① '사회적 나태'–링겔만(Ringelmann) 효과: 방관자 효과와 비슷한 현상 때문에 책임의 분산이 일어난다.

② 혼자 일할 때는 일의 성패가 순전히 개인의 능력과 노력에 달려 있다.

③ 이때 몇 사람을 투입하면 갑자기 모든 사람이 노력을 덜하게 된다. 성공을 거두더라도 각 개인에게 돌아오는 영광은 적을 뿐더러 실패하더라도 다른 사람에게 책임을 전가할 수 있기 때문이다.

④ 고래고래 고함을 질러보라고 시키면 집단 속에 있을 때보다 혼자 있을 때 소리를 더 많이 지른다.

⑤ 지난 70년 이상 브레인스토밍을 사용해 오면서 사람들의 창조성을 자극한 게 아니라 오히려 가로막았던 것이다.

2) 창조성을 높이기 위한 초간단법

① 적절한 현대 미술 작품을 쳐다보거나

② 드러누워서 일을 하거나

③ 아무것도 하지 않거나

④ 책상 위에 식물을 하나 놓아두기만 하면 된다.

⑤ 명상

제9장

창의성과 교육방법

1. 창의성 교육방법

112 창의성은 실험정신이다

창의성은 우연히 생기는 것이 아니고 창의성을 기르는 데는 연습이 필요하다. 우리의 가정과 학교의 학생들을 위한 수업체제나 전반적인 학습지도 전략의 밑바닥에 깔려 있는 전제는 '사람은 원초적으로 게으름뱅이다'라거나 '아이들은 다그쳐야 움직여'라는 신념이다. 행동을 유발하는 데 '인간은 당근보다 채찍'이 더 유효하다는 철학과 심리학을 가지고 있는 셈이다. 창의적인 인간을 길러내기 위해서는 이와 같은 '게으름뱅이 심리학관'을 버려야 한다. 인간은 본래 활동적이어서 자기의 능력을 발휘하기 위해서 자발적으로 일하려 하며, 호기심에 자극 받아 지적 탐구를 하는 것과 마찬가지로 공부도 하게 된다고 보는 시각의 전환이 필요하다. 마음이 내키지 않지만 마지못해 일하고, 벌이나 야단이 없으면 공부를 하지 않는 학생의 존재는 이 자발성이론에는 하나의 도전이다. 이 사람들은 왜 일을 하기 싫어하며 공부하기 싫어하는지를 검토하여 보아야 할 것이다.

오랫동안 사고력 신장이 중요한 교육 목표로 설정되어 왔음에도 불구하고, 실제의 교육 모습은 학생들의 고등정신 능력을 효과적으로 신장시키고 있다고 보기 어렵다. 이러한 이유는 암기 위주의 주입식 교육, 획일적인 교육 내용과 방법, 교실환경의 악화, 입시 위주의 교육 풍토, 교수-학습 자료의 빈곤 등에 있다. 이와 같이 전형적인 교육은 학생들이 독창성을 발휘할 수 있도록 해 주는 것이라기보다는, 이미 잘 알고 있는 것을 다시 되풀이하도록 하는 자료나 활동으로 메워져 있다. 나아가, 학생들이 독창적인 사고나 행동을 하도록 자극하기보다는 오히려 교과서나 교육과정 지침서 등을 가지고 그대로 수업을 진행하는 경우가 대부분이다. 한 가지 방법만 옳은 것이라고 가르치고, 그것에 따라서 보상을 하는 것은 학생의 창의성을 저해하게 된다. 수업에 있어서 꼭 하나의 올바른 답이 있다는 생각은 버려야 한다. 수업시간에 나타나는 학습자들의 제안이나 새로운 대답들은 배운 것에 대한 반복적인 대답보다 더 인정을 받아야 한다. 독특한 해결, 탐구와 의문제기 등을 수용한다는 것을 알려 주어야 한다.

상대성 원리를 발견한 아인슈타인(Einstein)은 "나는 천재가 아니다. 다만 호기심이 많을 뿐이다"라고 고백했다. 소아마비백신을 발견한 소크(Jonas, Solk)는 "나는 수천번의 실험을 거쳐 백신을 발견했다. 나는 어머니가 매일 새로운 요리를 만들어 주는 것을 보고 자랐기 때문에 왕성한 실험정신을 갖게 됐다"고 말했다. 아인슈타인과 소크의 고백을 보면 호기심과 실험정신이 얼마나 중요한가를 알 수 있다.

idea bank

113 창의성을 길러 주는 허용적인 분위기

창의성 교육에서 중요한 요건 중의 하나는 지적 호기심의 원동력이 될 수 있는 자발성과 내재적 동기를 존중하는 일이다. 지적 호기심을 살리는 수업은 원리적으로는 내재적 동기화가 우선되어야 하고, 그 내재적 동기는 자생적인 경우가 대부분이기 때문에, 이것을 이용하는 수업과정을 적용하는 것이 좋다. 또한 지적 호기심을 살리려면 관찰에 대한 흥미를 불러일으키는 수업이 필요하다.

창의성을 개발하는 데 있어서 가장 중요한 일은 자유롭고 허용적인 분위기를 조성하는 일이다. 지나치게 엄격한 훈육을 하며 규율이나 규칙이 엄격하면 이를 따르기 힘들고 지키기도 어려우며 틀에 박힌 인습적인 사고를 하기 쉽고, 사고의 융통성을 잃게 되며, 자발성과 독창성도 길러질 수 없다. 규칙을 잘 지키고, 어른에게 복종하고, 전통과 권위에 순종하면 교사에게는 만족스러운 존재일 것이다. 그러나 이러한 행동특성들은 창의성의 발달을 저해하는 요인이다. 일정한 규격이나 규칙, 통제에서는 조금도 그 테두리 밖으로 나올 수 없기 때문에 창의성은 길러질 수 없다. 안정되고 자유로운 분위기에서 스스로 생각하고 만들고 부수고 다시 조직할 수 있는 허용적 분위기, 스스로 답을 찾도록 해 주는 수업방법, 그리고 풍부한 학습자료가 제공되어야 한다.

창의성은 기존의 방식 그대로, 있는 사실 그대로가 아니라, 좀 더 다른 방식, 좀 더 나은 면을 추구하려는 태도와 기존의 관념이나 행동으로부터 자기 자신을 새롭게 하려는 노력에 의해 길러질 수 있다. 왜 그럴까? 어째서일까? 이렇게 한다면? 등의 태도를 허용해 주며, 공상이나 상상도 좋지 않은 것으로 위축시키지 말고 이를 장려해 주면 창의적인 태도를 형성하기 쉽고 나아가 창의성을 발달시킬 수 있게 된다.

idea bank

114 창의성을 길러 주는 활동

춤이나 그림 그리기 등을 통해서도 창의성을 개발시킬 수 있다. 무용을 지도할 때는 어떤 음악에 따른 일정한 형식화된 무용을 가르치는 것보다 음악을 틀어주고 그 느낌을 자기 마음대로 춤으로 표현하도록 하는 창조적인 춤(creative dancing)이 창의성의 개발을 돕는다. 그림 그리기를 통해서도 창의성 발달을 도모할 수 있다. 그림을 그릴 경우 성인들이 생각하는 표준이나 형식을 강요해서는 안 된다. 예를 들면, 해를 까맣게 칠할 수도 있고 땅을 붉게 칠할 수도 있고 하늘을 까맣게 칠할 수도 있다. 또 그리는 형태도 어른이 보기에 괴상할 정도로 어른의 상식과 표준에 어긋나는 그림을 그릴 수도 있다. 이럴 때도 어른의 표준이나 상식을 강요하여 해는 빨갛게 그려야 한다든지 하늘은 파랗게 그리는 거라든지 하면서 간섭해서는 안 된다. 그렇게 함으로써 창의적 표현력의 분출구를 막고 아동의 사고의 융통성과 확산적 사고력의 육성을 방해할 수 있다. 또 그림을 화폭 전면에 가득 차게 그리는가 하면 반면에 반쪽에만 그린다든가 귀퉁이에만 그린다든가 칠을 완전히 다 하지 않는다든가 하는 경우도 있다. 이때도 간섭을 하지 말고 자연스럽게 자기를 표현할 수 있도록 허용하는 것이 좋다.

그러나 한편으로는 마음대로 그림을 그리게 내버려두는 것도 좋지만 어떤 사물로부터 상상의 방향을 잡아 주고 발전시켜 주는 것도 창의성을 기르는 데 중요하다. 아동들의 상상력은 어른보다 풍부하고 다양하다. 우선 그림을 그리기 전에 여러 가지 물체를 보고 여러 형태를 연상하도록 도와주는 것도 좋다. 그림책 보기나 동화 짓기 등을 통해서도 아동의 창의성을 개발시킬 수 있다. 그림책을 보아 가면서 떠오르는 생각들을 이야기하게 할 수 있다. 반응이나 생각을 유도해 주고 상상의 나래를 펼 수 있도록 하는 것이 좋다. 동화의 경우 동화를 들려주는 것으로도 아동의 상상력과 창의성을 길러줄 수 있지만 보다 적극적인 방법으로는 스스로 동화를 지어 보도록 하는 것이다. 처음에는 간단한 이야기를 택하여 아동에게 주인공만 바꾸어 이야기하게 한다든지, 문제상황에서 다른 해결방안을 택했을 때 이야기가 어떻게 전개되겠는가를 상상해서 이야기해 보도록 하는 것도 창의성을 신장시키는 좋은 방법이다. 또 등장인물과 대강의 줄거리만 주고 이에 따라 이야기를 만들게 하는 것도 한 방법이다. 대문호 괴테의 어머니는 어린 괴테에게 매일 이야기를 하나씩 해 주었는데 이야기를 얼마쯤 진행시킨 후 자신이 이야기를 완결시키지 않고 나머지 부분을 그대로 남겨 둔 채 괴테에게 다음 날까지 마음대로 생각해서 이야기를 완성하도록 하게 함으로써 괴테의 문학적 상상력의 기초를 형성해 주었다. 이때는 하나의 동화에 한 가지 이야기만이 아니라 여러 다른 종류의 이야기, 슬픈 이야기, 기쁜 이야기 등을 구성해 보도록 하는 것도 도움이 된다. 그러나 이런 것들은 아동의 발달단계와 능력수준에 맞추어 시도되어야 할 것이다.

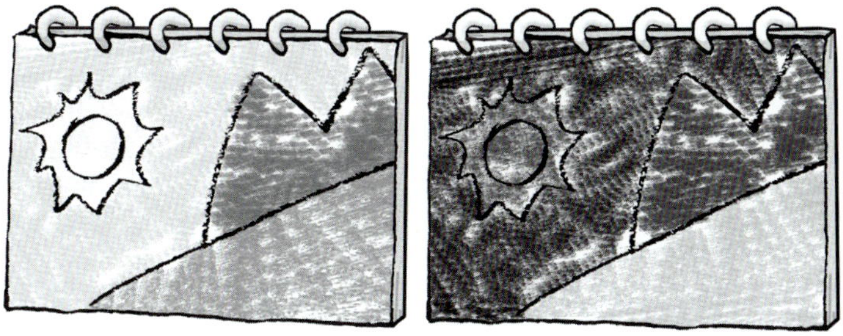

idea bank

115 창의성을 길러 주는 대화

대화를 할 때 단순한 문답식 대화가 아닌 보다 확산적 대화가 되도록 노력하는 것이 창의성 개발을 위해 좋다. '예, 아니오' 식의 일문일답식 대화는 애정의 결핍을 느끼게 할 뿐 아니라, 창의성 발달에도 도움이 되지 않는다. 보다 자율적으로 많은 반응을 할 수 있는 질문을 하는 것이 좋다. 질문을 할 때는 개방식 질문이 바람직하다. 개방식 질문은 하나의 정답만을 요구하는 것이 아니라, 많은 양의 대답을 요구하여 어떤 교과의 학습에서도 토론이나 사고를 다양하게 하도록 하는 확산적 발문형태이다(만약에 바다가 꿀로 이루어져 있다면? 하늘이 초록색이라면?). 문답식의 대화에서는 간단하고 사고과정을 필요로 하지 않는 반응을 하기 쉽다. 그러나 확산적 대화의 경우에는 어떤 식으로든 자기의 경험을 생각해 내고 사고과정을 통해 다시 연결시켜 새롭게 언어로 조직해서 표현해야 하므로 훨씬 더 창의성을 개발시킬 수 있다. 질문을 하거나 이야기를 할 때 간단한 단답식 반응으로 그칠 것이 아니라, 그에 알맞은 풍부한 반응을 해 줘야 한다. 풍부한 반응과 허용적인 분위기 조성을 통해 계속해서 생각을 이끌어 내게 함으로써 창의성 발달을 도울 수 있다.

아이들의 생활에서 여러 가지 문제에 부딪쳤을 때 이를 해결하기 위해서 여러 가지 가능한 해결책들을 대화를 통해서 함께 생각해 보거나, 아동으로 하여금 생각해 보도록 하는 것이 좋다. 흔히 아동의 생각은 고려하지도 않고 '이렇게 해, 저렇게 해' 하며 일방적으로 결정해 버리기가 쉽다. 물론 교사의 생각이나 해결책이 최선의 것일 수도 있으나 그보다는 스스로 해결책을 생각하게 하거나 일단 하나의 해결책을 생각해내면 '그와 비슷한 다른 방법은 없을까? 그런 방법이 아닌 또 다른 방법은 없을까?' 하는 식의 대화를 통해 사고의 유창성과 사고의 융통성을 길러 줄 수 있고 많은 것을 생각해내는 힘을 길러 줄 수 있다. 언제, 누가, 어디서, 무엇을, 어떻게 등의 질문을 함으로써 새로운 현상을 설명할 수 있도록 지식을 확대시켜 주는 것이 바람직하다.

2. 창의성 교육방법의 원리

116 창의성을 길러 주는 넛지

홀만(R. J. Hallmann)은 창의적인 교육방법의 원리로 암시의 원리를 제안하고 있다. 암시의 원리는 창의적인 과정에서 중요한 특징인 자율성, 자발성, 유추에서 비롯된다. 자율성은 창의적인 행동이 정신적인 능력들이 통제 범위 밖에 있음을 뜻하며, 자발성은 창의성이 강요될 수 없고 권위적으로 가르쳐질 수 없고 오로지 격려되어야 함을 뜻한다. 따라서 창의적인 교육의 기술은 암시기술이며, 단서를 제공하는 기술이고, 가능성을 나타내는 기술이며, 분명히 부적절한 것을 연합시키는 기술이다. 또한 그것은 그 자체로 창의적인 행동이다. 이러한 사실은 암시는 본질상 유추적이라는 뜻이다. 유추는 의지를 작동시키고 정신의 조화로운 활동을 고무한다. 자율성과 자발성 그리고 유추를 바탕으로 하는 암시의 원리는 융통성이 있고, 실험적이며 상상적이고 조작적인 교육기술이라고 할 수 있으며 또한 권위적인 방법들을 위협하고 있고, 이미 정해진 사실을 전달하는 일을 통제한다. 암시는 직접 말하지 않으면서 표면적으로 상관이 없고 매우 부적절한 것처럼 보이는 것의 중요성을 강조하고 있다.

암시는 최근 리처드 세일러(Richard H. Thaler)와 캐스 선스타인(Cass R. Sunstein)의 책 「넛지(Nudge), 2009」에서 밝힌 넛지의 의미와 통한다. '넛지(nudge)'란 '슬쩍 찌르다', '주의를 환기시키다'라는 뜻으로 '타인의 선택을 유도하는 부드러운 개입'으로 타인의 바른 결정을 돕는다.

idea bank

117 창의성을 길러 주는 만남

만남은 실존적인 문제로 만남의 목적은 뚜렷하며 진정한 만남이 이루어지려면 서로 개방적이어야 한다. 교사와 학생이 서로 구체적인 문제 상황에 직면하면 만남을 통해서 각자는 다른 사람의 내적인 경험에 참여한다. 그들이 서로 결속될 때 진정한 만남이 이루어진다. 이러한 내적인 경험들은 역동적이며 이해와 더 큰 자기실현 그리고 창의적인 발달을 향해 나아간다. 불확실한 만남은 불확정적인 탐색, 탐구적이고 실험적인 믿음, 긴장되고 불안하지만 매우 호기심이 넘치는 조사로 시작한다. 듀이에 따르면 우리가 익숙하지 않은 상황에 부딪혔을 때는 깊이 생각하고 행동하게 되며 이러한 익숙하지 않은 상황들을 만남으로써 개인적인 것으로 만든다고 한다. 만남에 적극적으로 참여하면 불확실함은 사라지고 여러 의미에 연결되고 문화적인 불연속성을 극복하여 내적인 자유를 얻는 데 도움을 받을 수 있다.

창의성을 위한 커리큘럼의 목적은 상상의 자유로운 놀이를 자극하고 학생이 창의적인 모험을 작동하여 그 활동이 가져올 자유를 제공하는 데 있다. 창의성을 위한 교육에 있어서 만남이 지니는 개방성은 매우 중요한데 그것은 창의성을 생겨나게 하고 자유를 허용하며 심리적인 방어 상태나 긴장을 완화시킨다. 로저스에 따르면 개방성이란 세계를 이미 정해진 범주가 아니라 직접 인식할 수 있는 것으로 인식할 수 있음을 뜻한다. 프롬(Fromm)에 따르면 개방성은 교수에서 가장 특징적인 것이며, 예를 들면 마치 선(禪)을 수련하는 사람에 의해 이루어지는 것과 같다. 그러므로 선을 수련하는 사람은 그가 따를 수 있는 커리큘럼만을, 학생들에게 전달할 수 있는 내용만을 가르칠 것을 강조하고 있으며, 학생 자신의 즉각적인 존재만이 유일한 것이라고 강조한다.

만남의 또 다른 특징은 통합성에서 찾을 수 있다. 지각, 느낌,

숙고, 의지는 하나의 행위이며 만남은 이들 각 행위의 통합을 통해서 이루어진다. 이런 통합성은 모든 사람에게 구비되어 있다. 통합성을 특징으로 하는 만남의 원리에서 학생과 교과, 학생과 교구, 학생과 교사 사이에는 어떤 경계선도 그을 수 없다. 범주화된 교재 간의 경계선이 없으면 없을수록 만남의 원리는 더 잘 적용될 수 있다. 그런데 여기에서 우리가 주의해야 할 점은 교과는 조작적이고 유희적인 태도에서는 논리성을 지향하기 어렵다는 것이다.

idea bank

118 창의성을 길러 주는 탈권위적인 태도

치료가 교사에게 시사해 주는 중요한 점은 그것의 탈권위적인 태도에 있는데, 특히 프롬(Fromm)은 교사를 학생에 대해 어떤 종류의 힘도 행사하지 않고, 자신의 독특한 특성 이외의 모든 권위를 거부하는 선을 수도하는 사람으로 언급하고 있고, 로저스(Rogers)는 학생에 대한 권위는 창의성과 독창성을 파괴한다고 주장하고 있다. 그에 따르면 교사는 학습 계획을 마련하지 말아야 하며, 강의, 평가, 비판, 성적 매기기, 시험을 실시해서는 안 된다. 교사들은 권위를 과감히게 없애려고 노력해야 하는데 처음에는 상당한 어려움이 생길 수밖에 없다. 그러나 권위를 과감하게 청산하면 아이가 자유롭게 배우는 데 도움을 줄 수 있다. 그런데 교사의 권위가 청산되어 버리면 학생에게 교사는 어떤 의미와 역할을 하게 되는지 의아해 하는 사람이 있다. 학생의 창의성 신장을 위해서 교사는 학생이 자기 자신 안에서 자신의 문제를 안내하는 바탕을 찾는 데 도움을 주어야 할 것이다. 그렇다면 그렇게 하기 위해서 교사가 하는 것은 정확히 무엇인가?

첫째, 교사는 학생에 대한 믿음을 가져야 한다. 교사는 학생을 믿어서 스스로 선택하여 학습하도록 하고 자신에게 필요한 정보를 찾도록 해 주어야 한다. 그럼에도 불구하고 교사가 학생을 가르치고 선택한 과제를 할당하고 그에게 필요한 정보를 전달하면서 안내에 따르도록 하는 것은 학생을 믿지 못하기 때문이다.

둘째, 교사는 정직하여야 한다. 교사는 속이거나 기만하지 않는 진지한 사람이어야 한다. 그는 모범이 되어 자료를 제공하고 교육내용을 제안한다. 그는 모범이 되어 자료를 제공하고 교육내용을 제안한다. 그가 학습자의 내적인 경험을 함께 나누는 가운데 비로소 학생은 자신의 감정을 분명히 나타내고 자신의 의식을 확대하게 된다.

셋째, 교사는 학생을 수용해야 한다. 학생 개개인은 본질적으로 가치 있다는 사실을 인식함으로써 학생의 창의성을 드러낼 수 있게 하여 학생들의 경험 안으로 들어가게 허락받게 된다. 학생이 스스로 자신의 존재 가치를 확인하도록 격려하는 것은 다른 한편으로는 다른 사람을 받아들이도록 자극하는 것이기도 하다.

넷째, 교사는 학생과 공감해야 한다. 교사는 학생의 행동을 그 내면으로부터 이해하고, 학습 과정에서 나타나는 학생을 공감하려고 노력해야 한다. 그러한 노력은 일종의 만남의 행위이고, 학생의 내면세계에 완전히 참여하게 되고, 그렇게 함으로써 완전히 개방적이고 책임 있는 행동을 하게 되는 것이다.

idea bank

119 창의성은 반역이다

많은 연구에서 창의성은 갈등 상황에서 신장되고, 창의적인 사람은 복잡성, 불균형, 모호함을 선호하고 안정감, 대칭성, 질서를 싫어한다. 긴장은 창의적인 사람의 동기로 작용하여 충동을 형성하고, 무질서는 발명하려는 성향을 낳게 하여 새로운 질서와 보다 심미적으로 만족할 수 있는 구조를 창출하기 위해 도전한다. 창의적인 사람이 이러한 것들을 선호한다는 사실은 창의적인 사람이란 전통적인 것을 거부하고 질서를 거부하는 데 있는 것으로 설명하기도 한다. 창의성은 항상 구성 행위에 앞서서 거부의 행위를 하며, 모든 창의적인 행동은 이전의 경험을 초월하고 그것에 대항한다

창의성이란 가능성을 추구하고 현실성을 거부한다는 단순한 사실은 안정된 질서를 위협하기도 한다. 창의성이란 본질적으로 상상력이 풍부하고, 새로움을 추구하기 때문에 동조하기를 거부하기도 한다. 그래서 변혁과 쉽게 연계될 위험이 있다. 자칫하면 변혁이 문화를 위해서 의미가 없고 사람들 사이에서 의사 전달을 방해할 수 있는 엉뚱한 것들을 창조하기도 한다. 무릇 남다른 것을 지향하고, 비논리적인 목표를 선택하고, 특이한 것에 대한 충동 때문에 더 나은 완성의 상황보다는 오히려 그 자체 목표로 남게 되며, 비 동조성이 용기에서보다는 그저 정신병적인 증후일 가능성으로 이루어질 수 있다. 상징적인 자유와 반역이 적의를 나타내는 대로

확대될 위험이 있다. 아마도 현실적으로 사회적인 공감이 개성을 위해서 용감하게 노력하는 것과 어울리지 않을 위험도 있다.

idea bank

120 사회과 교과에서의 창의성 교육

사회과 교과에서 창의성을 길러 주기 위해 해야 할 일은 첫째, 부분적인 가치에 현혹됨 없이 전체적인 관점에서 사물을 보는 습관을 가지게 하는 일이다. 현대사회에서는 지식이 날로 전문화되고 직업도 분업화되고 있으며 또한 사회적으로도 전문가들의 발언권이 확대되어 가고 있다. 사회가 아무리 분업화, 전문화된다 하더라도 모든 개인의 부분적 역할은 끊임없이 사회 전체와 관련되어 있는 것이며, 사회 전체 속에서만 의미를 가지는 것이다. 그럼에도 불구하고 전체적 맥락을 간과한 채 단편적이고 편향된 시야로 사회 현상을 바라보고 어떤 주장을 편다면 개인과 사회의 올바른 관계는 왜곡될 수밖에 없다. 시야가 좁고 생각이 경직된 사람처럼 위험한 것은 없다. 사회가 교과 내용 중에는 부분과 전체와의 관계를 바르게 볼 수 있도록 하는 데 활용할 수 있는 소재가 매우 많다.

둘째, 환상에서 벗어나 현실을 볼 수 있도록 지도하는 일이다. 사회과 교과학습 현장에서는 현실과 유리된 내용이 번번이 등장한다. 실제적으로 현실적인 정치, 경제, 사회의 여러 문제는 어떤 공식에 의해 정연하게 풀어지는 것이 아니다. 그것은 항상 특수한 이해관계, 사회적인 전통 또는 일부의 편견에 의하여 영향을 받는다. 말하자면 현실적인 여러 가지 문제는 이성의 작용만으로 해결되는 것은 아니다. 사회과 교과가 만약 현실과 아무런 관계를 맺지 못하고 관념적인 이상 그것에만 매달리려 한다면 현실을 왜곡하는 결과를 가져올 것이며 지적으로 무책임한 결과를 낳을 것이다.

셋째, 주관적인 태도를 버리고 객관적인 사고방식을 가지도록 지도해야 한다. 일반적으로 사회 현상에 관한 지식은 자연과학적인 지식에 비하여 확실성이 희박하다고 알려져 있다. 거기에는 다음과 같은 제약이 있기 때문이다. 먼저 사회 현상은 단일성, 일회성을 그 특징으로 하기 때문에 자연 현상에서처럼 반복해서 실험과 관찰을 할 수 없다는 점과, 사회 현상에는 감정이나 편견 또는 이해관계가 게재되기 쉽기 때문에 객관적인 관찰이 곤란하다는 점이다. 따라서 사회 현상에 관한 정확한 지식을 얻기 위해서는 이 두 가지 제약을 극복해야 할 것이나 현실적으로 우리의 노력은 후자를 극복하는 일에 집중할 수밖에 없다. 그러므로 사회과 학습 지도에 있어서는 먼저 가능한 한 선입견이나 편견 또는 감정적 요소 등 주관이 게재될 수 있는 여지를 배제하여 객관적 입장에 서도록 지도할 것이며, 다음으로는 자기가 관찰한 것이 객관적으로 타당하다는 확실한 단서를 찾을 때까지는 이를 가설로서만 받아들이고 성급한 단정을 하지 않도록 하는 습관을 기르도록 지도하여야 할 것이다.

넷째, 독단을 버리고 개방적인 사고방식을 가지도록 도와주는 일이다. 사회 현상은 어떠한 것도 절대적으로 단순하며 고립되어 있는 것이 없다. 따라서 사회 현상을 바르게 인식하도록 하기 위해서는 편견이나 아집과 같은 옹색한 사고방식으로부터 벗어나 여러 가지의 가능성이 공존할 수 있다는 개방적 사고방식을 가지도록 지도하여야 할 것이다. 개방적인 사고방식이란 다른 사람의 의견을 경청하며 새로운 생각을 받아들이는 일에 인색하지 아니한 태도를 의미할 뿐만 아니라, 내가 아니면 안 된다는 생각이나 기존의 가치만을 고집하는 일에서 해방되는 것을 의미한다. 그것은 또한 문제를 새로운 각도에서 생각해 보고 당파적인 근성이나 흑백논리와 같은 폐쇄된 도덕에서 벗어나 동포에 대한 사랑이나 인류에 대한 사랑과 같은 열린도덕을 지향하는 자세를 포함한다. 만약 기존의 가치와 신념 체계에 지나치게 집착한 나머지 새로운 것을 받아들이기에 인색하다면 정신적 폐쇄를 조장하는 결과를 낳을 것이며, 기존의 가치와 신념 체계가 가지는 오류를 과장되게 의식하여 그것들을 한꺼번에 모두 일소해 버리려 한다면 우리는 혼란의 악순환만을 거듭 경험하게 될 것이다.

다섯째, 진실로 책임을 다할 수 있는 아이를 육성하는 일이다. 사회과 교과는 우리가 이성보다는 감성적인 판정에 치우치기 쉬운 경우에 당면해서 감정적이고 비합리적인 결정 대신에 객관적이고 합리적인 분석이 가능한 길을 열어주도록 노력하여야 할 것이다. 사회과 교과는 서로 경쟁적인 자기주장에 대하여 역사적인 전망을 가지고 비판적이고 사려 깊은 판단을 내리는 능력을 길러 주는 것을 중요한 임무로 하여야 할 것이다.

idea bank

제10장

창의성과 교육평가

121 언어는 사고와 창조의 도구

국어 교육의 목표는 "국어로 사고하고 창조하는 능력과 태도를 기른다"이다. 언어는 사고의 도구다. 그러므로 국어로 사고한다는 말은 충분히 이해된다. 국어로 '사고하고 창조하는' 것은 어떻게 하는 것인가? 그것은 국어로 사고하고 그렇게 해서 단순히 수동적이고 인습적이면서 진부하게 사고를 하는 것이 아니고, 창의적으로 사고하도록 하려는 것이다.

언어나 국어는 사회적이고 전통적이며 관습적인 것이다. 언어에는 이미 낡은 말, 판에 박힌 표현이 존재한다. 예를 들면, '가을'은 '천고마비의 계절', '봄'은 '화창하다'라고 말하는 것이다. 우리의 사고는 그렇게 우리가 지금까지 읽어오거나 들어온 말을 사용하여 결정된다. 그래서 '화창한 봄'이라고 하면 봄에 관한 무엇인가 이해했다고 생각한다.

'국어로 사고하는 태도와 능력을 기른다'고 하는 것은 올바른 단어를 선택하여 올바르고 효과적으로 사고해 나간다는 것이므로 거기에 '창조한다'는 의미를 덧붙이는 것이 좋을 것이다. 결국 국어로 사고하는 경우에 창의적이며, 국어 교과에는 창의적인 사고에 이르는 능력과 태도가 요구되고 있다는 것이다. 국어를 잘한다는 말은 말을 효과적으로 잘한다는 말이며, 결국 언어 창조 능력이 있다는 말과 통한다.

국어 교육과정의 목표에 '국어로 사고하고 창조하는 능력과 태도를 기른다'고 하는 것은 최근 교육에서 창의성의 육성, 더 나아가 일반적인 인간성의 회복과도 그 방향을 같이 하고 있다고 할 수 있다. '국어로 사고하고 창조하는 능력과 태도를 기른다'라고 하는 것은 쓰기나 말하기와 같은 소위 표현의 영역에만 국한되는 것이 아니라 국어교육 전반에 걸쳐 있는 것으로 생각해야 할 것이다. 언어 또는 국어와 사고와의 관계를 강조하는 것만으로도 종래의 언어관이나 국어관의 혁신이 필요한데 여기에 창조라고 하는 요구가 들어 있어서 그 필요가 한층 더 커지고 있다. 종종 '아이들은 시인이다'라고 하는데, 이것은 비록 아이들이 어른만큼 언어 체계에 익숙하지는 못하지만 생생한 언어를 창조한다는 뜻이다.

idea bank

122 수학 교과에서의 발견적 · 창의적 사고

수학 교과에서 창의적인 활동에는 단순한 지식이나 이해보다는 문제를 발견하고, 그 문제를 본질적으로 이해하려는 생각과 가치 있는 것을 끈기 있게 추구하려는 의지 및 태도가 요구된다. 따라서 수학 교과에서 창의적인 활동의 중심을 이루는 것은 언제나 창의적인 사고이며, 태도나 정서는 그것을 보조하는 역할을 한다. 사고를 질적으로 구분하면 '재생적인 사고'와 '생산적인 사고'로 나눌 수 있는데, 재생적인 사고는 주로 이미 습득한 수단을 적용하여 기억을 작동시키는 사고라고 할 수 있으며, 생산적인 사고는 이미 습득한 수단을 기능적으로 변화시키는 사고라고 할 수 있다. 따라서 본래적인 의미에서의 사고라고 할 수 있는데, 이러한 생산적인 사고를 다시 협의의 생산적인 사고와 창의적인 사고로 나눌 수 있다. 전자는 주어지는 문제에 대한 해결에 관한 것인데 비해서, 후자는 오히려 문제를 발견하여 그것을 해결하려는 특성이 있다고 할 수 있다.

수학 교과에서 창의성을 신장시키기 위해서는 선행 경험을 정리하고, 문제의식을 확립하고, 분명하게 그리고 구체적으로 사고하여 문제 해결이 조직적으로 이루어지게 해야 하는데, 이 가운데 문제의식의 확립과 분명하게 사고하는 데 작용하는 사고로서는 확산적인 사고와 수렴적인 사고가 있다.

수학 교과에서 창의적으로 문제를 해결하는 능력이란 '본질적인 구조를 지향하고, 개념이나 원리를 재구성해 나가는 능력'이라고 할 수 있다. 이것은 발전적이고 종합적으로 고찰하거나 처리하는 능력이나 태도를 뜻한다. 본질적인 구조를 지향한다고 하는 것은 보다 명확하고, 보다 간결하며, 보다 종합적으로 나아간다는 것이며 더 나아가 그러한 목표를 위해 끊임없이 기본적인 개념을 이해하면서 하나의 원리로 만들어 나가는 능력이며, 그렇게 보고 생각하는 태도이기도 하다. 이 능력을 세분해 보면 첫째, 일상생활이나 사회 현상을 수학의 대상으로 삼아서 기호화, 수량화, 단순화, 이상화하면서 일반적인 사례를 설정하는 것, 더불어 다양한 경험을 적용시킴으로써 풍부한 심상을 갖는 개념을 형성하고 명확한 논리적인 규칙에 맞는 견해나 생각하는 방법을 말한다. 둘째, 그것은 해법의 바탕이 되는 시점을 설정하거나 생각하는 방법을 이해하고 많은 해법을 통합한 보다 기본적인 해법이나 사례를 생각하거나 집합을 기반으로 하여 추상하고 있는 조건을 명확하게 하는 견해나 생각하는 방법이다. 셋째, 그것은 관점을 바꿔서 문제를 찾아내고 능동적인 견해와 공리적인 생각을 구사하면서 보다 기본적인 해법을 스스로 발견해 나가는 견해나 생각하는 방법이다.

idea bank

123 수학 교과에서 창의적 활동은 어떻게 평가하는가

수학 교과에서 창의적인 활동을 어떻게 평가하는가? 여기에서는 교재의 타당성과 창조 활동의 평가라는 측면으로 나누어 생각해 볼 수 있다. 먼저 교재의 타당성은 현대성, 법칙성, 일상생활에의 적용, 구조성 또는 발전성이라는 측면에서 검토할 수 있다. 현대성은 현상을 객관적이고 합리적이며 실증적으로 고찰하는 능력을 키우는 데 타당한지를 뜻한다. 법칙성은 많은 자료에 의해서 경향성이 명확해지는 현상인지, 아니면 다수의 법칙을 예상할 수 있는 여러 번의 시행인지를 뜻한다. 생활성은 아이의 생활과의 연결이 강하고, 감성적인 인식으로부터 이성적인 인식으로 나아가는 방향이나 계기를 포함하고 있는지를 뜻한다. 구조성 또는 발전성이란 집단의 구조를 다루는 데 적절한 현상이며, 표와 그래프를 발전적으로 변화시킬 수 있는 것이며, 고찰 방향이 통계적인 확률을 지향하는지를 뜻한다.

한편 창조 활동의 평가의 측면은 과제 파악, 방법이나 조건의 선택결정, 자료의 제작, 검증과 수정, 과제 해결, 음미와 적용의 시점에서 이루어질 수 있다. 과제 파악의 평가는 의문을 가지고 과제에 몰입하느냐는 감수성에 관한 것이다. 방법이나 조건이 선택 결정을 평가하는 것은 선행 경험과 소재를 전체로부터 예상한다고 하는 직관적인 추리력에 관해 활동 및 방법 조건을 여러 가지 조합시키는 융통성에 관한 것이다. 자료 제작의 평가는 자료들을 분류 정리하여 중요하거나 도움이 되는 것을 선택한다고 하는 분석 종합에 관한 것이다. 검증과 수정은 관점의 전환에 의한 자료의 재구성에 관한 활동 및 끈기 있게 가치를 추구하느냐에 관한 것이다. 과제 해결의 평가는 경향이나 법칙성의 발견이라고 하는 번득임에 관한 것이다. 음미와 적용의 평가는 자료를 표본으로 하여 더 나아가서 커다란 집단의 경향을 본다고 하는 종합적이고 발전적인 인지에 관한 것이다. 물론 전체 과정을 통해서 무의식적인 행동을 의식적인 행동으로, 타율적인 행위에서 자율적인 행위로, 감에 의한 행위에서부터 실증적인 행위로, 감성적인 인식에서 이성적인 인식으로, 새로운 견해와 사고방식으로 변했다고 하는 종합적이고 창의적인 소산에 관한 평가도 생각할 수 있는데, 여기에서는 오히려 과정에 있어서 창조적인 활동을 평가하는 데 중점을 두어야 할 것이다.

idea bank

124 과학 교육과 창의성

과학 교육의 목표는 자연을 친밀함으로 대하고 사물과 자연 현상을 관찰하고 실험하며, 자연을 논리적이고 객관적으로 다룰 수 있는 능력을 기르고, 자연을 깊이 인식하는 것과 더불어 과학적인 능력과 태도를 기르는 것이다. 그리고 오랫동안 과학자들이 축적해 놓은 과학적인 지식들을 전승해 주어야 할 뿐 아니라 거기에서부터 새로운 것을 만들어 내고 있는 또는 만들어 내려고 하는 마음가짐과 태도를 습득할 수 있어야 한다. 이를 위해 과학 교과의 주된 내용은 창의적인 사고 훈련에 관한 것과 자연 인식의 발전에 관한 것이어야 한다.

과학적인 지식은 물론이고 과학적인 사고와 태도를 습득하지 않으면 특히 4차 산업혁명 시대에 대처할 수 있는 사고와 행동을 습득한 미래의 담당자로 키울 수 없으며, 더 나아가서 과학기술의 발전도 있을 수 없다.

과학 교육에서 창의성을 계발하는 데는 무엇보다도 먼저 창의적인 분위기를 만들어야 할 것이다. 그렇게 하기 위해서 첫째, 활동적인 학교환경을 만들어서 풍부한 감정과 창의력을 계발해야 할 것이다. 아이들을 둘러싼 학교 안과 밖의 환경에는 아이들 각자가 활동할 수 있는 시설과 설비가 마련되어 있어야 하고, 과학적인 사고력을 향상시킬 수 있어야 한다. 그리고 학교생활을 하는 가운데서 과학에 흥미와 관심을 키울 수 있고, 과학적인 태도를 키울 수 있는 학교환경이어야 하며, 풍부한 아이디어가 솟아나도록 사용하기 쉽고 친밀한 시설과 설비가 마련되어야 한다. 둘째, 발상을 긍정하는 학습 분위기를 만들어야 할 것이다. 아이들 주위에 있는 사람들은 그들의 창의성 계발에 매우 중요하므로 그들은 항상 아이들이 자유롭게 아이디어를 낼 수 있는 즐겁고 친밀감이 넘치는 학습 분위기를 마련하는 데 노력해야 한다. 좋은 학습 분위기를 만드는 것은 교사나 부모가 아이들의 아이디어 표출을 귀중하게 여기고 그들 간에 인간관계를 원만하게 해 주는 효과가 있어 창의성 계발에 많은 도움이 된다. 셋째, 풍부한 정서적인 분위기를 만들어야 한다. 자연을 사랑하고 생물을 사랑하는 풍부한 감성이 넘치는 학급과 학교의 분위기가 중요하며 정서가 고갈된 곳에서 창의성의 싹은 기대할 수 없다. 창의성 계발을 목표로 하는 과학 교육은 인간 형성으로서의 과학 교육이어야 할 것이다. 과학을 통해서만 창의성을 계발하려고 하는 것은 매우 협소한 사고방식이다. 생각하는 힘은 모든 교과를 학습하는 가운데에서 키워질 수 있으며, 과학 교과는 특별히 과학적인 사고 능력을 계발하는 데 커다란 역할을 한다.

과학 교과를 통해서 창의성을 계발하기 위해서는 특히 창의성에 초점을 맞추어 과학 교과를 구조화함으로써 가능한데 학습의 구조화는 교재의 구조화와 학습 과정의 구조화로 나누어 생각할 수 있다. 먼저 학습의 구조화란 교재의 내용을 어떻게 해석하고 그것이 어떤 사고를 하게 하는가에 초점을 맞추어 교재 연구를 해야 할 것이다. 기본적으로 학습 구조화의 기반을 교사와 학생 간의 의사 전달을 중시하는 데 두는 것과 교재를 분석함으로써 사고를 신장하기 위한 의도적인 요인의 설정을 중요시하는 데 두는 것이 있다. 즉, 학습 내용을 어떻게 선정하여 구조화하느냐, 아이들의 실태 파악에서도 그들 상호 간의 집단 구조의 측면에서 추구하지 않으면 안 된다. 교재는 문화재로부터 아이들의 발달 단계, 생활 경험의 영역, 탐구를 충분히 고려하여 순서와 계통에 맞게 선택하고 배열한 것이다. 교재 분석이란 이러한 교육적인 배려 아래서 조직된 특정 교재에 관해 그 내용을 보다 분명하게 해석하고 더 나아가서 효과적으로 학습을 진행시키기 위한 것이다. 아이의 실태를 파악하기 위해서는 될 수 있으면 과학적인 방법을 수용하여 거기에서부터 그 밑바탕에 숨겨져 있는 진짜 아이의 모습이나 바람까지 발견하려고 노력하지 않으면 안 된다. 개인으로서의 아이의 모습과 집단 구성원으로서의 아이의 모습을 정확하게 다룰 필요가 있다.

idea bank

125 과학 교과에서 창의적 활동은 어떻게 평가하는가

과학 교과에서는 창의적인 학습 풍토와 학습의 구조화도 필요하지만, 특히 창의적인 평가가 중요하다. 아무리 창의성 신장을 위한 교육이 이루어지더라도 평가의 단계에서 과학에 관한 기초 지식의 정착을 확인하는 평가만이 이루어진다면 아이들의 창의성은 길러지지 않을 것이다. 창의성을 기르는 학습 평가에서는 학습 결과를 평가하는 것보다는 오히려 학습 과정에서 창의성을 키우기 위한 평가가 더욱 중요하다.

창의적인 평가에서는 무엇보다도 아이디어의 독창성과 상상력과 같은 창의성 요인의 신장을 평가하려고 하고 있기 때문에 문제해결 과정에서 '더 좋은 대답', '훌륭한 대답', '누구도 생각하지 않은 대답'이 존중되고 다루어지려는 태도가 중요하다. 따라서 창의성 평가에는 논술형 검사라든지, 구체적인 문제 상황을 해결하게 하는 검사와 같은 형식이 보다 더 효과적이며, 만일 객관적인 검사를 사용해야 할 경우에는 충분히 검토하고 주의하여 작성할 필요가 있다. 창의적인 평가에서는 기억 또는 지식에 편중되는 것, 결과를 중시하는 것, 아이들의 자주적인 자기 평가를 부정하며, 주관적인 방법이라든지, 계속적이지 못하고 특정 시기에만 평가하는 것을 거부한다. 왜냐하면 이렇게 해서는 아이들의 창의적인 활동을 평가하지 못하기 때문이다. 그렇다면 어떻게 평가해야 하는가? 첫째, 아이들의 생활 속에서 특히 아이디어, 발상법을 중요하게 생각하여 이것을 잘 관찰한다. 둘째, 모든 교과에서 아이들의 창의성 계발을 위해 끈기 있게 계속적으로 관찰하여야 한다. 셋째, 정해진 시간에 지필 시험의 형태로서가 아니고 학습 전개 과정 가운데에서 관찰하고 평가한다. 넷째, 인간 형성은 물론이고 풍부한 정서와 과학적인 태도도 창의적인 활동을 계발하기 위한 평가로 간주되어야 한다. 이와 같이 창의성을 평가하기 위해서 교사는 많은 시간과 능력을 발휘하지 않으면 안 될 것이다.

과학 교과에서 창의성의 평가는 학습 과정에서 이루어지기도 하기 때문에 학습 과정 가운데에서의 창의성 계발과 평가에 관한 구체적인 문제를 생각해 보아야 할 것이다. 학습 과정을 평가할 경우에는 시청각 기기를 활용하는 것이 효과적인데 교실 정면이나 측면 또는 뒷면에 아이들이 알지 못하게 비디오카메라를 설치해 놓고 아이의 발언, 동작, 표정, 태도를 자세하게 녹화해 둔다. 이렇게 하면 각 아이의 창의성 계발의 입장에서 평가할 수 있고, 교사 자신의 발언과 행동 방식을 반성함으로써 개선하고 심화된 학습을 진행시킬 수 있다.

idea bank

창의성을 창의하다

1. 창의성을 길러주는 대화법에 대해 서로 토론해 보자.
2. 언어는 사고와 창조의 도구가 될 수 있는지 각자 발표해 보자.
3. 사회 교과에서 창의적 사고는 어떻게 하는 것이 좋은지 토론해 보자.
4. 수학 교과에서의 창의적 활동은 어떻게 평가하는가?
5. 과학 교육에서 창의성을 계발을 위해 가장 먼저 해야 할 일은 무엇인가?

참고문헌

가다머(1993). 진리와 방법: 철학적 해석학의 기본 특징들. 서울: 문예출판사.

김성준 외(2011). 교과교육에서 창의성의 이론과 실제. 서울: 학지사.

김안중(1998). 통합적 접근에 기초한 아동의 창의성 측정 도구 개발. 성균관대학교 대학원 박사학위 청구논문.

김영세(2005). 이노베이터. 서울: 랜덤하우스중앙(주).

김춘일(1999). 창의성 교육, 그 이론과 실제. 서울: 교육과학사.

김혜숙(1999). 다원적 접근에 기초한 창의성 진단 측정 도구의 개발 및 타당화 연구. 숙명여자대학교 대학원 박사학위 청구논문.

데카르트(1997). 정신지도를 위한 규칙들. 이현복 역. 서울: 문예출판사.

베르그송(1988). 창조적인 진화. 이현복 역. 서울: 문예출판사.

베르그송(1993). 사유와 운동: 형이상학입문. 이광래 역. 서울: 문예출판사.

손향숙(1997). 자기 규제적 방략 훈련과 확산적 사고 훈련이 창의성 향상에 미치는 효과. 성균관대학교 대학원 박사학위 청구논문.

송민영(1998). 유아의 창의성과 놀이성과의 관계. 이화여자대학교 대학원 석사학위 청구논문.

심규장(1988). 놀이의 교육적 의미: 플라톤의 교육론을 중심으로. 서울대학교 대학원 석사학위 청구논문.

알렉스 F. 오스본(1968). 상상공학: 창의력 개발을 위한 교육방법. 신세호 외 역. 서울: 배영사.

윤종건(1994). 창의력의 이론과 실제. 서울: 원미사.

윤현석(1997). 감성지능과 창의성의 관계에 관한 연구. 충남대학교 대학원 박사학위 청구논문.

이석호 역(1982). 장자. 서울: 삼성출판사.

이영만(1992). 드보노의 CoRT사고교육 프로그램이 중학생의 창의성 향상에 미치는 효과. 부산대학교 대학원 박사학위 청구논문.

임현수(1998). 창의성 측정 도구의 타당화 연구. 서울대학교 대학원 석사학위 청구논문.
장은영(2018). 창의성이 뭐길래?. 서울: 솔과학.
정범모(2001). 창의력 그 심리 · 인물 · 사회. 서울: 교육과학사.
조쉬 링크너(2011). 창의는 전략이다. 이미정 역. 서울: 베가북스.
조정기(1989). 창의력과 지능, 흥미, 학업 성적과의 관계. 교육학연구, 27권 2호.
최영진(1980). 아동의 TV수용 형태와 창의성과의 관계: 서울시내 초등학교 4학년 학생을 중심으로. 이화여자대학교 대학원 석사학위 청구논문.
최창호(2003). 창의적 리더는 자장면을 시키지 않는다. 서울: 학지사.
______(2004). 창의적인 사람들의 7가지 반란. 서울: 학지사.
칸트(1974). 판단력 비판. 이석윤 역. 서울: 박영사.
한국과학재단(1990). 21세기 한국민의 창의력 발현을 위한 포름. 서울: 한국과학재단.
한국교육개발원(1997). 창의력 신장을 돕는 중학교 과학과 학습 평가 방법 연구. 서울: 한국교육개발원.
한국교육개발원(1997). 창의력 신장을 돕는 중학교 국어과 학습 평가 방법 연구. 서울: 한국교육개발원.
한국교육개발원(1997). 창의력 신장을 돕는 중학교 수학과 학습 평가 방법 연구. 서울: 한국교육개발원.
허경철 외(2001). 교과교육학신론. 서울: 문음사.
J. 호이징가(2003). 호모 루덴스. 김윤수 역. 서울: 까치.

Allen V. L. & Levine J. W. (1968). Creativity and Conformity. *Journal of Personality*, 36(3).
Arthur J. Cropley(2001). 창의성 계발과 교육. 이경화 외 공역(2004). 서울: 학지사.
Catherine Patrick(1955). *What is creative thinking?*. New York: Philosophical Library, Inc.
Csikszentmihalyi, M. (1988). Motivation and creativity: Towards a synthesis of structural and energistic approaches to cognition. *New Ideas in Psychology*, 6, 159-176.
Csikszentmihalyi, M. (1990). *Flow: The psychology of optimal experience.* New York : Harper and Row Co.

Curran Clyde E. (1961). History and the Creative Individual. *Journal of Humanistic Psychology*, Fall.

Dearden R. F. (1967). The concept of play. Peters R. S.. *The concept of education.* London: RKP.

Douglass M. P. (1967). *Social Studies from theory to practice in elementary deucation*, J. B. Lippincott Company.

Drews Elizabeth(1961). A Critical Evaluation of Approaches to the Identification of Gifted Students, A Traxler(ed.). *Measurement and Evaluation in Today's Schools*. Washington, D. C. : American Council on Education.

Enochs P. D. (1965). An Experimental Study of a Method for Developing Creative Thinking in Fifth-Grade Children. Ph. D. research paper.

E. Paul Torrance(1995). 토랜스의 창의성과 교육. 이종연 역(2005). 서울: 학지사.

Fromm Erich(1959). Value, Psychology, and Human Existence. A. H. Maslow(ed.), *New Knowledge in Human Values*. New York: Harper & Brothers.

Fromm Erich(1960). Psychoanalysis and Zen Buddhism. *Zen Buddhism and Psychoanalysis*, p.116. New York: Harper & Brothers.

Getzels J. W. & Jackson P. W. (1958). The Meaning of Giftness-An Examination of an Expanding Concept. *Phi Delta Kappan*, 40.

Getzels J. W. & Jackson P. W. (1962). *Creativity and Intelligence.* New York: John Wiley and Sons Inc.

Getzels J. W. (1960). Non-IQ Intellectual and Other Factors in College Admission, The Coming Crisis in the Selection of Students for College Entrance. Washington, D. C. : American Educational Research Association.

Hallman Ralph J. (1964). Can Creativity be Taught?. *Educational Theory*, 14, 1.

Hallman Ralph J. (1966). Principles of Creative Teaching. *Educational Theory*, Vol. 16.

Harper Ralph(1955). Significance of Existence and Recongnition for Education. *N.S.S.E. Yearbook*. Chicago.

Lehman H. C. (1953). *Age and achievement.* Princeton University Press.

Lombroso C. (1891). *The Man of Genius*. London: Walter Scott.

Maritain J. (1953). *Creative Intuition in Art and Poetry*. New York: Pantheon Books.

Mednick S. A. (1961). Development of Admission Criteria for Colleges and Universities that will not Eliminate such Applicants as the Bright Nonconformist, the Underchallenged and the Individual with Highly Specialized Ability. *Current Issues in Higher Education*. Washington, D. C. : Association for Higher Education, National Education Association.

Mihaly Csikszentmihalyi(1996). 창의성의 즐거움. 노혜숙 역(2007). 서울: 북로드.

Miles W. R. (1953). Age and human activity. *Psychology Review*, 40.

Murray Henry A. (1960). A Mythology for Grownups. *Saturday Review*, 43(4).

Nahm M. (1956). *The Artist as Creator*. Baltimore: Johns Hopkins Press.

Osborn A. F. (1948). *Your Creative Power*. New York : Charles Scribners Sons.

Paul Sloane(2016). 크리에이터의 생각. 강유리 역(2018). 경기: 현대지성.

Plato(1937). Ion. *Complete Works*, Vol.1. New York: Random House.

Possien W. M. (1964). A Comparison of the Effects of Three Teaching Methodologies on the Development of the Problem Solving Skills of Sixth Grade Children. *Education Research Paper*, University of Alabama.

Reyburn N. Y. (1964). Development of Divergent Thinking Through Oral and Writen Language Instruction Education Department Research Paper. University of California.

R. K. Sawyer 외 공저(2012). 창의성과 발달. 유연옥 역(2012). 서울: 학지사.

Rogers Carl R. (1951). *Client-Centered Therapy*. Boston: Houghton Mifflin.

Rogers Carl R. Learning to be free. *Conflict and Creativity*.

Rouse S. T. (1964). Effects of a Training Program on the Productive Thinking of Educable Mental Retardates. *Education Department Research Paper*. George Peabody College for Teachers.

Scott Barry Kaufman 외(2015). 창의성을 타고나다. 정미현 역(2016). 서울: 클레마지크.

Schachtel Ernest G.. *Metamorphosis*. p.240.

Sorokin Pitirim A. (1961). General Theory of Creativity. in M. F. Andrews(ed.).

Creativity and Psychological Health. Syracuse: Syracuse University Press.

Teresa M. Amabile(1996). 심리학의 눈으로 본 창조의 조건. 고빛샘 역(2010). 경기: 21세기북스.

Torrance E. P. (1959). Exploration in Creative Thinking in the Early School Years: II An Experiment in Training and Motivation. *Bureau of Educational Research*. University of Minnesota.

Wallace H. (1960). Tests of Creative Thinking and Sales Performance in a Large Department Store. E. P. Torrance(ed.). *Creativity: Second Minnesota Conference on Gifted Children*. Minneapolis: Center for Contimuation Study. University of Minnesota.

Williams F. E. (1965). Practice and Reinforcement as Training Factors in Creative Performance. Ph. D. Research Paper. University of Utah.

Wolfle Dael(1960). Diversity of Talent. *American Psychologist*, 15.

Zilborg G. (1959). The Psychology of the Creative Personality. P. Smith(ed.). *Creativity*. New York: Hastings House.

찾아보기

저자약력

▪ 윤길근

한양대학교 대학원 교육학 석사

한양대학교 대학원 교육학 박사

육군3사관학교 및 국군정신전력학교 교수 역임

현 부천대학교 유아교육과 교수

현 부천대학교 부총장

〈주요 저서〉

유아의 심리(1995)

아동연구방법(2003)

창의성 신장을 위한 교육방법(2004)

교육평가의 탐구(2013)

대학생과 리더십(2013)

교육학개론(2014)

유아교육기관 운영관리(2014)

교육심리학(2017)

▪ 박형근

홍익대학교 교육대학원 교육학 석사

홍익대학교 대학원 교육학 박사

서울예일여자고등학교 연구부장 및 교무부장 역임

유한대학교 교양과 교수 역임

현 부천대학교 아동보육과 교수

〈주요 저서〉

자기주도학습 교육방법론(2012)

나는 교육에 미친 선생이었다(2012)

교육학개론(2013)

창의·인성 교육방법 및 교육공학(2015)

문화예술 교육사를 위한 교육심리학(2016)

4차 산업혁명시대를 대비한 창의·인성 직업윤리(2017)

거꾸로 배우는 교육철학 및 교육사(2018)

창의성, 글과 그림으로 풀다

초판 1쇄 인쇄 / 2019년 3월 2일
초판 1쇄 발행 / 2019년 3월 5일

공저자 / 윤길근 · 박형근
발행인 / 이 중 수
발행처 / **동 문 사**

서울특별시 서대문구 홍제원 1길 12
(홍제동 137-8)
Tel : 02)736-3718(대), 736-3710, 3720
Fax : 02)736-3719
등록번호 : 1974.04.27. 제9-17호
가격 : 16,000원

ISBN : 979-11-6328-048-4 (93370)
E-mail : dong736@naver.com
www.dongmunsa.com